Über dieses Buch

Als Manès Sperber im Oktober 1983 der Friedenspreis des Deutschen Buchhandels verliehen wurde, konnte er die Auszeichnung nicht mehr selbst in Empfang nehmen. Schwer krank verfolgte er aus Paris das lebhafte Echo, das seine Preisrede fand. Seine Frau Jenka spürte, »daß er sich innerlich von der Aktualität schon entfernt hatte. Nur die tief enttäuschten Briefe seiner pazifistischen Freunde gingen ihn an. Er hatte vor, sich mit ihnen auseinanderzusetzen ...« Dazu kam es nicht mehr. Manès Sperber starb am 5. Februar des folgenden Jahres. Geboren am 12. Dezember 1905 in Zablotow/Ostgalizien, verbrachte er seine Jugend in Wien. Er war Schüler und Mitarbeiter Alfred Adlers und von 1927 bis 1933 Lehrer für Individualpsychologie in Berlin. 1934 emigrierte er nach Paris, wo er bis zu seinem Tod lebte. – Heinz Friedrich hat den Bericht von Jenka Sperber über das letzte Lebensjahr ihres Mannes, die Laudatio von Siegfried Lenz, die Friedenspreisrede Manès Sperbers und Auszüge aus einem Interview zu einem Dokument der Freundschaft und der bleibenden Erinnerung zusammengestellt.

Manès Sperber
Sein letztes Jahr

Mit Beiträgen von Manès Sperber,
Jenka Sperber und Siegfried Lenz
Herausgegeben von Heinz Friedrich

Deutscher
Taschenbuch
Verlag

dtv

Von Manès Sperber
sind im Deutschen Taschenbuch Verlag erschienen:
Sieben Fragen zur Gewalt (1351)
Die Wasserträger Gottes (1398)
Die vergebliche Warnung (1485)
Bis man mir Scherben auf die Augen legt (1757)
Wie eine Träne im Ozean (1579)
Churban oder Die unfaßbare Gewißheit (10071)
Nur eine Brücke zwischen Gestern und Morgen (10245)

Originalausgabe
Dezember 1985

Umschlaggestaltung: Celestino Piatti
Umschlagfoto: Aldo Sperber
Gesamtherstellung: C. H. Beck'sche Buchdruckerei, Nördlingen
Printed in Germany · ISBN 3-423-10509-7

Inhalt

Der Text der Urkunde, mit der Manès Sperber der Friedenspreis des Deutschen Buchhandels verliehen wurde, ist auf Seite 64 abgedruckt.

Vorwort

Paris, im Juni 1983. Wir hatten uns telefonisch verabredet, und wir, meine Frau und ich, holten ihn in seiner Wohnung oben am Montparnasse ab. Es war ein strahlender Frühsommertag, nicht zu warm, aber auch nicht kühl. Jenka begrüßte uns an der Tür und führte uns ins Zimmer. Der Empfang war herzlich und freundschaftlich; Manès Sperber kam lebhaft und frisch ins Zimmer wie eh und je. »Ich war krank«, sagte er, »und ich bin immer noch ein wenig schwach. Aber nun geht es wieder einigermaßen. Ich dachte schon, ich könnte es nicht mehr schaffen. Nehmen Sie's als Warnung. Tun Sie nicht soviel. Die Zeit ist kostbar. Vergeuden Sie keine Zeit mit Streß.« »Und Sie«, sagte ich, »was machen Sie?« »Ich muß noch soviel sagen, soviel mitteilen. Der Friedenspreis – ich bin glücklich über diese Auszeichnung. Und ich bin dankbar, ich bin sehr dankbar. Aber erwarten Sie keine Friedenskundgebung von mir, zumindest nicht der üblichen Art. Ich habe keine Zeit mehr für Slalomlauf und intellektuelle Equilibristik. Ich muß direkt sagen dürfen, was mich bedrückt. Anpassung lag mir nie. Frieden gibt es nicht umsonst. Aber die Menschen sind ja so töricht ...«

Der Dank für den Friedenspreis wurde sein Testament. Alfred Grosser las den Text an Sperbers Stelle in der Paulskirche vor; er selbst war schon zu hinfällig geworden, um nach Frankfurt reisen zu können. Die Rede mißfiel manchen Friedenspredigern hierzulande. Denn Manès Sperber plädierte für den aktiven Frieden, nicht für den passiven. Er, der Kommunist von einst, der dem Kommunismus als Heilslehre abschwor und zwischen alle Fronten geriet, wußte, daß nichts schwieriger ist, als Frieden zu stiften, Frieden zu halten und Frieden zu erhalten. Manès Sperber gab sich nie zufrieden mit verbalen Einsprüchen oder Aussprüchen; er war ein Mann der Tat, und zwar auch dann, wenn er »nur« schrieb. Er litt nicht nur an der Zeit, sondern er stritt für die Zeit und gegen die Zeit. Als gelernter Psychologe kannte er die Realitäten menschlicher Verhaltensweisen und gesellschaftlicher Verklemmungen. Seine Rede für den Frieden wurde zu einem Bekenntnis zur Realität des Menschen und zu dem, was man aus dieser Realität machen kann, wenn man sich keinen Illusionen hingibt über sie.

Wir gingen in ein Restaurant in der Nähe seiner Wohnung. Behend überquerte er die Straßen; Jenka und wir zogen wie im Geleitzug hinter ihm her. Er war fröhlich und unternehmungslustig. Das Essen schmeckte ihm, und er schmiedete Pläne, Schreibpläne und Reisepläne. Aber sein letztes Jahr war längst angebrochen. Das letzte Jahr – weiß man, wann es kommt, wann es da ist? Manès Sperber rechnete immer mit seinem letzten Jahr. Daß er damit rechnete, bedrückte ihn nicht, sondern machte ihn frei. Et respice finem ... Er bedachte das Ende; darum wollte er mit sich und anderen rechtzeitig ins reine kommen. Keine Restbestände, nichts Ungefähres, keine gedanklichen Schummeleien. Er, der Jude aus Galizien, demonstrierte, was romanische clarté des Denkens bedeutet und was es heißt: bereit zu sein ...

Sperbers späte Arbeiten, auch die Vorträge, haben fast durchweg Manifest-Charakter. Sie sind Botschaften an die Nachlebenden, hinterlassen von einem, der es gut meinte mit den Menschen und der deshalb die Menschen über sich selbst, über ihre Möglichkeiten und

Grenzen (auch die politischen) aufzuklären versuchte. Kein rationaler Eiferer, aber ein leidenschaftlicherer, temperamentvoller Bruder des weisen Nathan.

Sperber fiel unentwegt etwas ein; fortwährend überprüfte er die Lage, stellte er Diagnosen, zog er Schlüsse. Sein Glaube an den Menschen hatte etwas Naives, sein Altruismus war unüberbietbar. Wenn man den Einwand wagte, daß einer, der die Menschen und auch deren Abscheulichkeiten genau kenne, doch nicht derart vorbehaltlos an den Menschen glauben dürfe, wie er dies tue – auf diesen Einwand reagierte er fast ärgerlich mit dem Ausruf: »Sie sind ein Pessimist!«

Nein, ein Pessimist war *er* nicht. Er hatte den Holocaust durchschritten, und der Holocaust hatte den Vorkämpfer des Materialismus zu einem Menschenfreund geläutert – zu einem Menschenfreund allerdings, der weiß, daß Menschlichkeit täglich neu errungen und bestätigt werden muß, wenn sie mehr als nur eine zeitgeistige Sprechblase sein soll.

Sein letztes Jahr, unsere letzte Begegnung. Wir wußten nicht, daß wir Abschied nahmen für immer, aber wir nahmen Abschied. Wir nahmen Abschied von einem Mann, der uns zum Freund geworden war und dessen Freude am Denken und dessen Vergnügen an den Einsichten und Möglichkeiten der Vernunft uns unwiderstehlich mitriß. »Tun Sie nicht soviel. Und Adieu!« Das waren seine letzten Worte, als er uns die Hand gab. Ich tue immer noch etwas; er tut nichts mehr. Er hat das Seine getan. Sein letztes Jahr war im Februar 1984 abgelaufen. Aber ein Mensch wie er hinterläßt mehr als Erinnerung, er hinterläßt Wirkung. Die Zeugnisse des letzten Lebensjahres von Manès Sperber sind Zeugnisse seiner Wirkung, seiner persönlichen und seiner geistigen. Dokumente eines Lebens, das Erfüllung fand und findet in dem Widerhall, den es über das Grab hinaus auslöst. Zugleich ist dieses Buch auch ein Dokument der Zuneigung und des tiefen Einverständnisses zweier Menschen, die ein Leben lang miteinander verbunden waren: Manès und Jenka Sperber.

Heinz Friedrich

Jenka Sperber
Das letzte Jahr

»Ich bin der Lebende, der Tote bin ich nicht mehr«
Manès Sperber

Am 12. Dezember 1982 feierten wir Manès 77. Geburtstag. Von morgens bis abends läutete das Telephon, der Postbote, stellten sich Gäste ein. M. empfing gern Geschenke und freute sich über die siebenbändige Ausgabe von Saint-Simon, die er lesen wollte, wenn er »alt genug wäre, um das Schreiben endgültig aufzugeben«.

M. war in großartiger Form; er hatte für den Frühling eine Reihe von Vorträgen in Österreich und Deutschland vorgesehen und konnte doch nur einen geringen Teil der Einladungen annehmen, die täglich ins Haus strömten.

Er verheimlichte manch eingegangene Verpflichtung, und ich staunte darüber, daß er schon in der Früh mit lauter Stimme Bibelverse zitierte – eine uneingestandene Radiosendung – oder spät nachts an einem neuen Manuskript arbeitete: einem Epilog zur ›Träne‹:

»Heute, am ersten Tag meines 78. Lebensjahres, beginne ich – nicht ohne Zaudern – einen neuen Roman. Es ist ein Wagnis, gewiß. Doch hoffe ich, daß meine Urteilsfähigkeit mich gegebenenfalls davor bewahren wird, diesen Plan zu verwirklichen, wenn es sich erweisen sollte, daß es zu spät ist: daß ich zu alt bin, um es zu schaffen.«

Ja, er wußte sich im Vollbesitz seiner Kräfte, alles schien steil bergauf zu gehen – da geschah's.

Es war der 3. März 1983. M. saß vor dem Fernseher und schaute sich ›Krieg und Frieden‹ von Tolstoi an. Er näherte sich in äußerster Konzentration dem Bildschirm: Bolkonskys Tod.

Ich hörte seinen Aufschrei: »Je suis foutu – ich bin kaputt« und sah, wie er sich aufs Bett warf. Dann ging alles blitzschnell:

Der herbeigeholte Arzt beschloß die Überführung ins Krankenhaus. M. war noch nie in seinem Leben (bis auf eine kurze Untersuchungsperiode im Jahre 1943) in einem Spital gewesen. Er schien abwesend, als er eingeliefert wurde. Ich beschloß, dazubleiben und die Spitalsregeln zu ignorieren.

In den ersten drei Tagen und Nächten – ich

war in überwachem Zustand und fast ununterbrochen anwesend – war er der Attacke völlig ausgeliefert; man wußte nicht, woher sie kam, wozu sie führen würde. In der zweiten furchtbaren Nacht geschah etwas: eine besonders schöne schwarze Krankenschwester trat ohne Gruß und ohne anzuklopfen ins Zimmer. Auf meine wiederholte Frage nach der Höhe des Blutdrucks und des Fiebers bekam ich keine Antwort. Ihr Gesicht war völlig verschlossen, wir existierten für sie nicht als Personen. Der anscheinend abwesende Kranke war plötzlich wieder da: »Sie benehmen sich wie in erobertem Feindesland. Die Kranken sind Ihre Feinde.« Der ihr ausgelieferte alte kranke Mann schien der jungen Schwester unheimlich. Sie verließ fluchtartig das Zimmer.

In der darauffolgenden Nacht – ich hatte zum ersten Mal ein paar Stunden geschlafen –, es mochte gegen 5 Uhr früh sein, da sah ich seinen Blick in die Ferne schweifen und fragte mich, woran er wohl dächte. »Ich habe versucht, mir die Geschichte von Oliver Twist nach Dickens in Erinnerung zu rufen, und ertrug es kaum, ehe ich zu dem Punkte kam, da er wieder in seine Rechte eingesetzt wird«, sagte er und erzählte sie nun auch mir in allen Einzelheiten. Er hatte bisher fast nichts zu sich genommen, er konnte weder gehen noch stehen, aber Oliver Twist – die »Waisenkinder im Sturm der Zeiten« – waren und blieben in seinem Gedächtnis beheimatet. Ich war beglückt und zuversichtlich.

Sonst schlief er fast unaufhörlich. Auf die Frage des Arztes: »Herr Sperber, warum schlafen Sie immerfort?« erfolgte die Antwort: »Ich spiele den Toten.«

»Nicht zu sehr, nicht zu lange«, riet der Arzt.

Am Nachmittag des vierten Tages setzte er sich auf und sagte: »Das ist kein Leben hier. Dan soll meine Post holen.« Ich fand zur Wirklichkeit zurück. Er war wieder da: fordernd, nicht bereit zu kapitulieren.

Nach vierzehn Tagen und vielen ergebnislosen Untersuchungen wurde er aus dem Krankenhaus entlassen.

Die folgenden Wochen waren durch ein ständiges Auf und Ab gekennzeichnet. Im Mai kam Leonard Reinisch nach Paris, um sechs Radiosendungen aufzunehmen, kurz danach erfährt M., daß er der diesjährige Friedenspreisträger ist. Er ist froh und bereitet sich innerlich auf die Rede vor. Es ist die bisher größte Chance für ihn, vor vielen, sehr vielen zu sprechen. Er wird die pazifistischste Rede seines Lebens – gegen die heutigen deutschen Pazifisten – halten.

Es ist ein besonders heißer Sommer. M. verträgt die Hitze nicht, aber er ist aktiv, schreibt einen Essay über Paris, beantwortet einen Teil der überaus zahlreichen Briefe und diktiert die Rede für Frankfurt.

Anfang August empfängt er zwei junge Psychologen, die ein sehr ausführliches Interview mit ihm aufnehmen.

»Mein psychologisches Testament«, sagt er lachend und anscheinend davon überzeugt, daß ihm noch viele andere folgen werden. Er antwortet in seiner gewohnten lebhaft-intensiven Art zwei Tage lang auf ihre Fragen.

Obgleich er das Transkript des in der Zeitschrift ›Gestalt Theory‹ nach seinem Tode erschienenen Gesprächs nicht mehr überarbeiten konnte, ist es doch zu seinem spontanen psychologischen Testament geworden.

Auf die Frage nach dem Tode antwortet er:

»Was der alte Mann lernt, ist etwas sehr Einfaches ... daß er mit dem Leben nur verbunden ist, wenn er nicht daran denkt, daß er morgen vielleicht nicht mehr aufwachen wird, sondern daran, was er morgen tun will. Er bindet die Gegenwart an die Zukunft, statt sie an das große Nichts zu binden ...

Wenn ich an den Tod sehr konzentriert dächte, würde ich wahrscheinlich in Angst an ihn denken. Aber ich denke daran, daß ich morgen diese oder jene Leute sehen muß ... daß ich übermorgen etwas anderes unternehme ... Das heißt: Ich bin ununterbrochen mit dem Leben als Bewegung verbunden – mit keinem Halt. Doch wenn ich Halt machte – das wäre genauso, wie wenn ein Kind plötzlich Halt macht und sich fragt: Wie gehe ich eigentlich? Dann kann es plötzlich nicht weiter ...«

Am 12. August fahren wir in das Haus unseres Sohnes, das im Departement Lot liegt. In diesem schönen Bauernhaus fühlt M. sich wohl. Auf seinen Vorschlag hin haben wir einen großen geräucherten Lachs mitgebracht. Er wird bei einem Abendessen mit Freunden verzehrt. M. bedient sich mehrmals, genießt auch verbotene Horsd'œuvres und Getränke. In der Nacht hat er Atembeschwerden. Man stellt ein Lungenödem fest und überführt ihn vorsichtshalber in das Krankenhaus von Cahors. In der Intensivstation sehen Dan und ich ihn wieder, wie er gerade den behandelnden Arzt darüber aufzuklären versucht, daß es darum ginge, vor allem den Kranken und nicht die Krankheit zu behandeln. Ein paar Tage später wird M. in das Landhaus zurückgebracht. In seinem Bericht dankt der Spitalarzt dem behandelnden Kollegen dafür, daß er ihm diesen so »charmanten« Kranken anvertraut habe. Wir sind erleichtert, aber können uns der Einsicht nicht verschließen, daß sein physischer Zustand sich zusehends verschlechtert. Unser Sohn Dan bringt uns nonstop nach Paris zurück.

Nun ist es Anfang September. Die Belagerung der Journalisten hat seit der Ankündigung des Preises nicht aufgehört; die französische Presse bereitet Interviews und Artikel vor, die Photographen schrecken vor dem abgemagerten Gesicht nicht zurück. Die Post ist nicht mehr zu bewältigen, das Telephon steht keinen Augenblick still.

Ende September. Eines Morgens finden wir ihn bewußtlos in seinem Fauteuil. Zwei Stunden später, bei der Einlieferung ins Spital, öffnet er die Augen und sagt: »Warum bin ich wieder im Spital? Habe ich Dummheiten gemacht, wie Emma [seine kleine Enkelin] sagen würde?«

Während der zwei Wochen dieses Aufenthaltes erträgt er alle ermüdenden und peinlichen Untersuchungen mit Gelassenheit, aber er findet sich keinen Augenblick damit ab, ein Kranker unter Kranken zu sein. Ein Leben lang hatte er sich mit extremen Situationen: mit Gefängnis, Folter, Konzentrationslagern auseinandergesetzt und sich stets zum Zweifel bekannt: Keiner weiß, wie er widerstehen wird. Aber es scheint ihm noch immer selbstverständlich, daß man physische Schwächen überwinden und kompensieren muß. Er beruft sich häufig auf eine Erfahrung, die dies bestätigt: Als man im Jahre 1960 eine Angina pectoris feststellte, beschloß er sein Leben zu ändern. Von diesem Augenblick an begann er aktiv an Konferenzen und Seminaren im Ausland teilzunehmen, war er bereit, Vorträge zu halten und ein aktiver Mitarbeiter deutscher Medien zu werden. Er hat im Laufe von zwei Jahrzehnten keinen einzigen Vortrag abgesagt und nie seine Herzbeschwerden erwähnt.

So beschließt er eines Abends im Spital, sich aufzusetzen und allein das Bett zu verlassen. Ich ahne nichts von dem verbotenen Vorhaben und lese eifrig in der Abendzeitung. Ein Lärm schreckt mich auf: er ist auf dem Boden ausgerutscht. Ich wußte nicht, daß seine Augen so hilflos-verzweifelt dreinschauen konnten. »Es ist nichts«, sagt er. Ich rufe nach der Nachtschwester. Der Blutdruck ist ungewöhnlich hoch, hat aber die Gefahrengrenze nicht erreicht. Er wird ins Bett zurückgelegt und erwähnt den Vorfall nie. »Sie schaffen's nicht, die Ärzte«, hatte er am Vormittag gesagt, »ich muß mich selbst in die Hand nehmen.«

Er wird während dieser zwei Wochen immer ungeduldiger, er kann die absolute Objekt-Existenz nicht ertragen und beschleunigt so die Entlassung, da der Professor davon überzeugt ist, daß er in diesen ihm feindlich erscheinenden vier Wänden psychischen Schaden erleidet.

Am 6. Oktober sind wir wieder zu Hause. Wir wissen jetzt, daß es sich bei diesen Anfällen um Zirkulationsstörungen handelte, die ihn intellektuell intakt ließen, aber seine physische Widerstandskraft stark beeinträchtigten. Er bereitete sich nun auf die Frankfurter Tage vor; ich war und blieb skeptisch. Dann begriff auch er, daß er nicht reisen konnte. Alfred Grosser würde die Rede lesen.

Am 16. Oktober, dem Tag der Preisverleihung, luden wir ein paar Freunde zu einem Glas Champagner ein. M. hatte mit keinem Wort Bedauern oder Enttäuschung ausgedrückt. Er hatte ein Leben lang Selbstbeherrschung trainiert.

Die Auswirkungen des Preises sind überwältigend. Wir erhalten täglich Blumen, stapelweise Telegramme und Briefe, ich kann keine Mahlzeit einnehmen, ohne mehrmals zum Telephon zu laufen. M. hat Gleichgewichtsstörungen, eine Bronchitis, Herzbeschwerden, aber zwischendurch feiern wir am 12. Dezember seinen 78. Geburtstag und empfangen Freunde, die aus dem Ausland für einen Sprung herüberkommen.

Manès erzählt ihnen von seinen Reiseplänen für den Frühling: Rom, Venedig, vor allem Wien. Er schreibt einem alten Wiener Freund: »... es gibt etwas Überpersönliches, das uns bindet: das ist der Rest, den Du und ich vom alten Österreich in uns tragen. Nun habe ich das 78. Lebensjahr erreicht und empfinde wie ein Kind Heimweh nach der Stadt meiner Jugend.«

Wenn man mich fragt, wie es geht, antworte ich wahrheitsgemäß: »Wir trinken Champagner oder pflegen einen Kranken, der keiner sein will.«

Der Angriff des Vorsitzenden des Verbandes deutscher Schriftsteller Bernt Engelmann, der die Rückgabe des Friedenspreises fordert, beeindruckt M. viel weniger, als man in Deutschland anzunehmen schien. Er lehnt von vornherein jede Stellungnahme ab: »Dies ist eure Angelegenheit«, sagte er Freunden aus Deutschland. Jedoch war seine Genugtuung groß, als sich sofort einzelne protestierende Stimmen erhoben und vor allem als der Aufruf zum Rücktritt von Bernt Engelmann von 50 Schriftstellern unterschrieben wurde: »Ich will Ihnen sagen, daß mir das Verhalten der protestierenden deutschen Schriftsteller (jenseits aller Unstimmigkeit) wohlgetan hat. Gewiß, man muß den Mut haben, allein zu bleiben, es tut einem jedoch verdammt gut zu wissen, daß man nicht wirklich allein bleiben muß.«

Es war andererseits merkbar, daß er sich innerlich von der Aktualität, von ihrer »sound and fury« entfernt hatte. Was nur ihn selbst, den materiellen Erfolg seiner Bücher, den Widerhall seines Tuns betraf, berührte ihn kaum. Die unzähligen positiven verehrenden Briefe konnte er nur flüchtig lesen, die absolut aggressiven, die nur auf einen Bruchteil seiner

Rede eingingen, wollte er nicht zur Kenntnis nehmen. Nur die tief enttäuschten Briefe seiner pazifistischen Freunde, »die es ihm nicht verziehen, daß er mit sich selbst einverstanden war«, gingen ihn an. Er hatte einigen geantwortet und hatte vor, sich mit ihnen in der Presse auseinanderzusetzen. Aber kein einziges Wort wollte er aus seiner Rede streichen.

So schrieb er eine ungeduldige Antwort an einen Kollegen und Freund, den er besonders mochte. Weil dieser Psychologe nicht gespürt hatte, daß er sich in dieser Rede keinesfalls als Politiker engagiert hatte – der er ja nicht war –, sondern aufgrund von Erkenntnissen eines langen, bewußt gelebten Lebens: »Es gibt eine mit der Zeit sozusagen natürlich übersteigbare Hürde: das Ausmaß und das Gewicht des Erlebten, der Erfahrungen. Sie würden meine Einstellung vielleicht teilen, wenn Sie all das berücksichtigen müßten, was mir kritisch formende Erfahrung unabweisbar eingibt.«

Deshalb die Berufung auf die ferne Kindheit, die Jugend, auf die permanent quälende Frage nach dem Warum des Krieges, auf die nahe, lehrreiche Vergangenheit.

Viele hatten es gut verstanden.

Er staunte aber darüber, daß manche Freunde, die sein Werk gut kannten, völlig davon absahen, daß es frappante Formulierungen einer Rede waren, die sie so erschütterten. Hatten sie von ihm erwartet, daß er erklären würde, daß es sich bei der »undankbaren Aggressivität« gegenüber den USA nicht um Reagan, Carter oder überhaupt um Tagespolitik handelte?

So schien ihm auch innerhalb dieser Rede, in der er sich ausnahmslos gegen *jeden* Krieg ausgesprochen hatte, der Hinweis auf Abrüstung und Verhandlungen überflüssig. Die totale Ablehnung eines jeden Krieges setzt natürlich die Fortsetzung von Verhandlungen voraus – jedoch als ebenbürtiger, das heißt bewaffneter Partner. Dieses Gesetz der »selbstmörderischen Welt« schien ihm unabweisbar. Ich zitiere im Nachstehenden Auszüge aus Briefen, die er im Dezember 1983 und im Januar 1984 geschrieben hat:

»Wie jeder Autor habe ich mir eingebildet, daß meine Freunde, Sie zum Beispiel, meine Bücher gelesen haben. In diesem Falle hätte Sie meine Rede nicht im mindesten überrascht, geschweige denn bestürzt . . . Wer meine Rede aufmerksam gelesen hat, hat natürlich verstanden, daß ich um das schwerst bedrohte Europa bange und überdies glaube, daß es nur dann es selbst bleiben kann, wenn es sich nicht unter den Schutz einer der beiden Supermächte begibt. Dies war unmißverständlich.«

»Ich habe die aggressive Undankbarkeit gegenüber Amerika erwähnt ... Lassen Sie mich als Psychologe sprechen: Dankbarkeit setzt ein gutes, sozusagen gemeinschaftfreudiges Gedächtnis voraus ... und ich befürchte die negative Wirkung des Vergessens für die Entwicklung der Menschheit.« (Er erwähnt den Marshallplan, die Luftbrücke, die Landung amerikanischer Truppen etc. ...)

»Beiliegend finden Sie ein Zitat aus den ›Essays zur täglichen Weltgeschichte‹. Daraus werden Sie ersehen, wie kritisch ich schon vor vielen Jahren über das merkwürdige Argument ›Beifall von der falschen Seite‹ gedacht habe. Wer schreibt oder sich sonst an die Öffentlichkeit wendet, wünscht vor allem von jenen gehört zu werden, die die Wahrheit kennen *wollen* – mag er ähnlich oder ganz anders denken.«

Hier das Zitat:

»Ich fürchte nicht die Kritik jener, deren freundschaftliche Zustimmung mich stärkt, und noch weniger scheue ich den ›Beifall von der falschen Seite‹, denn die Wahrheit ist nicht taktisch und nicht funktionell. Daß auch der Gegner sie ausspricht, entwertet sie in keiner Weise; somit gibt es keine falsche Seite. Wer denkt oder schreibt, als ob der Gegner immer und in allem unrecht haben müßte, verteufelt die Welt und mißhandelt die Wahrheit.«

»Die Massen zählen für mich nicht; ich habe sie zu Hunderttausenden für und gegen dasselbe und denselben demonstrieren gesehen ... Ich finde in der kommunistischen Welt – in Rußland, Vietnam oder sonstwo – nichts, was mich bindet und dem ich mich verpflichtet fühlen muß. Ich würde dennoch vielleicht dieses oder jenes anerkennen, ohne es als Fortschritt anzusehen, wenn Rußland aufhörte, sich als die Heimat des Sozialismus zu präsentieren.«

»Ich bin natürlich gegen jede Diktatur, ausnahmslos. Ich verabscheue Pinochet, aber nicht weniger Andropov, der in vielen Hinsichten ungleich gefährlicher ist. Er ist einer jener Männer, die nach einer kurzen Phase der Heuchelei die ungarische Revolution von 1955, ebenso wie die tschechoslowakische Freiheitsbewegung mit Tanks und Polizeitricks niedergebügelt haben.«

»Sie werden aus diesen Worten noch schärfer meine Stellungnahme erfahren, aber nehmen Sie es nicht persönlich. Obschon ich heute als bejahrter Mann weit geneigter bin zur Verständigung als in meiner Jugend, so doch nicht um jeden Preis – und niemals aus Angst. Damit muß ich Sie aufs neue an meine Ahnen und deren Verhalten im christlichen Europa erinnern.«

»Die Atomwaffe ... Es ist offenbar, daß diese Waffe die ideale Waffe eines autoritären, vor allem monolithischen Staatssystems wäre, das weder vorher noch während des Vorgangs sich in demokratischer Weise um die Zustimmung einer Volkswählerschaft bemühen müßte. Und es ist klar, daß diese Mächte diese Waffe umso schneller und lieber verwenden würden, je offenbarer es wäre, daß die Angegriffenen nicht mit gleicher Münze heimzahlen könnten.«

»Daß es bisher keinen Atomkrieg zwischen Rußland und Amerika gegeben hat, beweist auf der andern Seite, wie sehr es auch hier gilt, daß ›gleich zu gleich‹ sich in Freundschaft und tödlicher Feindschaft gesellen.«

Und nun aus dem letzten Brief, den er am 12. Januar 1984 an einen jungen Freund und Kollegen schrieb:

»Wie ich zum Judentum und Christentum stehe, wissen Sie. Sie werden also ohne Staunen zur Kenntnis nehmen, daß die Bergpredigt einer jener christlichen Texte ist, die mich in früher Jugend beeindruckt haben und mir seither gegenwärtig geblieben sind. Als Psychologe halte ich es für möglich, daß in einem wütenden Streit zwischen Personen ein Aggressiver zurückscheut, wenn sich ihm das Opfer anbietet, anstatt sich ihm zu widersetzen oder zu entfliehen. Das kann man leicht psychologisch erklären. In der Beziehung der Nationen aber spielt seit Jahrtausenden nur eines eine Rolle: die nahe Existenz eines wehrunfähigen oder wehrunwilligen Gegners flößt dem stärkern Nachbarn eine geradezu unwiderstehliche Begier ein, den Schwächern völlig auszuschalten. Die gesamte Geschichte von Ost und West, von Nord und Süd belegt das seit Jahrtausenden und erklärt so die Entstehung der mächtigen Reiche. Individual- und machtpsychologisch ist alles andere kleinbürgerliches, braves Geschwätz.

... Ich bin noch immer ein kranker und überdies ein bejahrter Mann, aber dieser Zustand ändert natürlich nichts an meiner Grundhaltung: alles, was ich bisher erfahren und gelernt habe, erhärtet meine Überzeugung, daß wir mitten in einer furchtbaren Auseinandersetzung von mörderischen Kräften sind und klug und stark sein müssen – aber nicht sentimental und schwach werden dürfen.

Noch ein Wort: Die Frage, ob wir bezüglich dieses oder jenes politischen Problems übereinstimmen, ist wichtig, aber in meinen Augen keineswegs entscheidend. Worauf es ankommt, ist das Vertrauen ...«

M. mußte in diesen Monaten den Eindruck gewinnen, daß seine Bücher »heimgefunden« hatten, sie gehörten den Lesern. Die Anzahl derer, die sich dazu bekannten, »mit ihnen zu leben«, aus ihnen zu lernen, sie nicht missen zu können, wuchs ständig. Am meisten bewegte ihn der Briefwechsel mit einer jungen Studentin, die als Revolutionärin aus Deutschland in ihre Heimat zurückgekehrt war und dort die Entartung, den Verderb aller Hoffnung erlebte. Sie klammerte sich an die »Saga« einer andern pervertierten Revolution und übersetzte die 1000 Seiten der ›Träne‹, um zu überleben.

Es waren keine üblichen Leserbriefe.

So viele, die Unmenschliches erlitten hatten, die an der Welt krankten, schrieben ihm. »Vielleicht wissen Sie selbst nicht, was Ihr Werk so vielen von uns bedeutet und erst recht in der sich verfinsternden Welt bedeuten wird«, hieß es an einer Stelle und in einem andern Brief, der die Reaktion von vielen reflektiert:

»Was mich am meisten beeindruckt, ist die Unmöglichkeit, Ihren Analysen auszuweichen. Sie erlauben einem so gar keine Ausflüchte. Von mir aus gesehen ist die Tatsache, daß Sie lebendig sind und ansprechbar, so etwas wie eine Herausforderung und eine Chance. Es gibt niemanden, der mich so unerbittlich aus den vielen Alltagsegoismen herausholen kann und der einem gleichzeitig so viel Mut macht zu leben.«

Man könnte unzählige, in seinen Augen »übertriebene« Reaktionen festhalten. Aber »nekrologischen Enthusiasmus« hatte er nie gemocht und rechtzeitig davor gewarnt. Eine der vielen vergeblichen Warnungen.

Eine junge Krankenschwester, die in den letzten Monaten täglich im Haus war, staunte über die heitere Stimmung, die meistens herrschte. Es war dem Anschein nach so, hatte aber weniger mit Freude als mit seinem ständigen Humor zu tun. Es war die letzte Form von Souveränität, die es ihm ermöglichte, so zu tun, als ob er Subjekt und Objekt in einem wäre. Zum schmerzenden Zeh, zu den häufigen Herzbeschwerden fielen ihm passende Anekdoten ein. Er täuschte die anderen, nicht sich selbst. Der einzige Augenblick, in dem er tief entmutigt war, war der, da er – wenige Monate vor dem Tode – eine schwere Lesestörung feststellte. »Ich kann nicht lesen«, sagte er. Und seine Augen wurden feucht.

Am 17. Januar – er hatte gerade einen befreundeten Journalisten empfangen – begann der letzte Akt. Eine Magenblutung; sein Zwölffingerdarmgeschwür aus den Kriegsjahren war zu neuem Leben erwacht. Eine siebenstündige Bluttransfusion im Spital Cochin war nur der Übergang zum endgültigen Zusammenbruch. Er verbrachte die nächsten zwei Wochen fast unaufhörlich schlafend im Spital. Wie eingesponnen in eine andere Welt.

Die Vorstellung eines Überlebens mit herabgeminderten physischen und intellektuellen Kräften hatte ihn nie geschreckt. Es kam gar nicht in Frage. Er wollte »ein Wind sein, der weht«. Oder nicht mehr sein.

»Kann der Prozeß des Todes mehrere Stunden dauern?« fragte er mich mit geschlossenen Augen. Und: »Näherst du dich auch dem Tode? Nein«, fügte er hinzu, »für dich wird es noch dauern.« Dann rief er nach Dan, der die Nächte wachend im Spital verbracht hatte.

Das war am Vortage seines Ablebens.

Er hatte keinerlei Verfügungen, keinen »Letzten Willen« hinterlassen. »Ich bin der Lebende, der Tote bin ich nicht mehr«, hat er gesagt. Und nur an das Weiterleben im Gedächtnis der anderen geglaubt.

Er scheint die fünfjährige Emma davon überzeugt zu haben. Als sie neulich vor seinem leeren Stuhl stand, deutete sie mit ihrem Zeigefinger auf die Stirn und sagte:

»C'est ça, le Paradis des hommes.«

»Das hier ist das Paradies der Menschen.«

Siegfried Lenz
Von der Gegenwärtigkeit des Vergangenen
Manès Sperber – eine Laudatio

Es fällt mir schwer, ein Bild zu vergessen, ein für sich sprechendes, ein lebenserhellendes Bild: Ein kleiner Junge, mit Kieselsteinen bewaffnet, steht auf dem Dach einer Scheune, er nimmt Maß und wirft Stein für Stein gegen den Himmel, erbittert, fordernd und schließlich enttäuscht darüber, daß keines seiner Wurfgeschosse das Ziel erreicht. Gott öffnet keine Klappe, wie der Junge es erwartet, er droht nicht von oben, er empört sich nicht über das ungehörige Bombardement, er läßt sich nicht herausfordern. Traurig, ohne seine Wünsche und seine Weltbeschwerden an die höchste Adresse gebracht zu haben, steigt der Junge wieder herab, vermutlich einig mit sich, daß er diese Aktion bei nächster Gelegenheit wiederholen wird, und nicht nur bei nächster Gelegenheit, sondern, wenn es sein muß, ein Leben lang.

Sie, lieber Manès Sperber, waren einmal dieser Junge, der kühn kalkulierte, daß man auf dem Scheunendach dem Himmel ein erhebliches Stück näher ist und daß man notfalls Gott verstimmen müsse, um bei ihm Gehör zu finden. Für die Audienz jedenfalls, die mit Hilfe von Kieselsteinen beschleunigt zustande kommen sollte, hatte der junge Manès schwerwiegende Gründe: Nichts weniger lag ihm am Herzen, als Gott an sein Versprechen zu erinnern, den Messias zu schicken, endlich. Begabt mit aller erdenkbaren Empfindsamkeit, hielt der Junge den ersehnten Augenblick für gekommen, die Situation der Welt war reif, seiner Ansicht nach, sie rechtfertigte vollauf die Einlösung des Versprechens, und so nahm er sich den Mut zur Mahnung. Nicht Empörung stimulierte sein einstweiliges Handeln, nicht Auflehnung, nicht formulierte Anklage, sondern Sehnsucht: Es muß anders werden, so kann es nicht bleiben. Dort in Zablotow, in dem ostgalizischen »Städtel«, in einer verlorenen »Civitas Dei«, die geprägt war von Gesetzestreue und Hunger, von Heilserwartung und Häßlichkeit, nahm ein Junge seine Zuflucht zum Handeln, weil er »die Herrschaft der fehlenden Dinge« nicht mehr ertrug. Unterwandert vom Zweifel am religiösen Gesetz, setzte er sich über rituelle Tabus hinweg, er tat es nicht den »permanenten Betern« gleich, die umfassenden Trost in blühender chassidischer Weisheit fanden; seine Antwort an das früh begriffene Unglück der Diaspora war die phantasievolle Aktion. Handeln für ein definierbares, wenn auch kaum erreichbares Ziel: Dies bestimmt den Schriftsteller, den Psychologen, den Menschen Manès Sperber; in der revolutionären Aktion fand er sein Metier, erkannte er das Mittel, das geeignet war, die Verhältnisse zum Wünschenswerten hin zu verändern.

Was dem Handeln zugrunde liegt, was die Aktion als unvermeidlich erscheinen läßt, sind häufig die gleichen Erfahrungen und Erkenntnisse; als klassische Forderung ausgedrückt, heißen sie: mehr Brot, mehr Freiheit, mehr Gerechtigkeit. Handeln im Sperberschen Sinne ist, wenn ich ihn richtig verstanden habe, vornehmlich ein stellvertretendes Handeln: Angesichts fremder Not, als Zeuge von Hunger und Demütigung und endloser Verzweiflung, entscheidet sich der einzelne zur Tat, freilich in der Rolle eines Delegierten, der weder gequält noch ausdrücklich beauftragt ist. Wer sich, von Ungeduld überwältigt, für die revolutionäre Aktion entscheidet, muß diese Spannung ertragen lernen: Er spricht und handelt für Menschen, die ihn vielleicht insgeheim herbeigewünscht, doch mit einem Mandat nicht betraut haben. Hierin liegt das traditionelle Risiko des Revolutionärs, liegt aber auch eine Wurzel seiner späten Melancholie.

Über das Leben von Manès Sperber nachdenkend, erscheint sein ungeduldiges Bedürfnis nach Aktion als etwas Unvermeidliches: das Städtel Zablotow, in dem er 1905 geboren wurde, offenbarte bereits soviel an Leid, an Kummer und fremder Gewalt, daß es ihn nicht gleichgültig lassen konnte. Er selbst, aus einer Familie, die Rabbiner und Gottesgelehrte hervorgebracht hatte, brauchte dabei in windstillen Zeiten wohl nicht allzuviel entbehren: Man hatte ein Haus, man hatte Bedienstete und Pferd und Wagen; es war die Lage der andern, ihr Elend, ihre Hoffnungslosigkeit, die zunächst den Zweifel weckte und später das Handeln nahelegte. Früh wurde sein Glaube durchlöchert, wie er sagte, früh entstanden in seiner von messianischer Erwartung getragenen Glaubenswelt »Enklaven des Unglaubens« – was nicht selten zur Selbstmarter führte.

Mit seltsamer Wachheit erlebte er die Grausamkeiten des Ersten Weltkrieges und gestand sich ein oder wußte schon, daß er sie in seinem Gedächtnis bewahren mußte, um sie eines fernen Tages zu erzählen, und das heißt, öffentlich zu bezeugen: »Ich ganz allein bin entronnen, um es Dir zu melden, Hiob.« In seiner Autobiographie, in diesem außerordentlichen Dokument über die Gegenwärtigkeit des Vergangenen, schreibt Sperber: »Hochgemut oder niedergeschlagen, im Scheine von Erfolgen oder im Schatten der Enttäuschungen – immer, fast immer wollte ich wissen: Wofür, wozu leben? Welcher Inhalt gibt dem Leben einen Wert, der nicht nur für mich, nicht nur für diesen oder jenen einzelnen gilt?« Die »Unfähigkeit zur Gleichgültigkeit«, die er an sich selbst entdeckte, ließ jedenfalls nur das eine übrig: die angemessene Wahrheit der Aktion, und die hat, mag der Handelnde beauftragt oder nicht beauftragt sein, alle im Sinn.

Da Handeln hier von rigoroser Moral inspiriert ist, ist das Gegenteil – folgerichtig – nicht Kontemplation, sondern Gleichgültigkeit: der Entzug, die Verweigerung, die achselzuckende Teilnahmslosigkeit; der Gleichgültige findet sich mit fremdem Unglück ab, er rettet sich in eine Art Versteinerung – für Manès Sperber eine verächtliche Rettung. Es erscheint unausbleiblich, daß der Mann der Tat immer wieder zu dem hinüberblickt, der sich, im Gefühl der Unverantwortlichkeit für die Verhältnisse, zur Tatenlosigkeit entschieden hat; ein Leben lang werden die beiden alternativen Haltungen gegeneinander gestellt und überprüft, sie werden ausgefragt angesichts der Tobsuchtsanfälle der Geschichte, sie werden analysiert auf den Trümmern der Hoffnung, und noch jedesmal, selbst in Augenblicken unaufhebbarer Resignation, zeigen sich Gründe, die das Handeln rechtfertigen. Wie ein Fazit kommt mir der Bekenntnissatz aus dem ›Verbrannten Dornbusch‹ vor: »Die Gleichgültigkeit ist so furchtbar in ihren Folgen, so mörderisch wie die furchtbarste Gewalt.« Manès Sperber hat sie am eigenen Leib erlebt.

Als Geschichtenerzähler kommt man ja nicht darum herum, nach Motiven zu fragen, nach Gründen, die uns so oder so handeln lassen: welche Erkenntnis, welche bewegende Intuition, welch ein Akt der Augenöffnung ging der Entscheidung voraus, keinen beliebigen, sondern einen ganz bestimmten Lebenskurs zu wählen. In dieser Hinsicht bleiben wir bei Manès Sperber nicht im Ungewissen; sein Motiv ist Mitleid, tätiges Mitleid; sein erkanntes Ziel: Man darf Geschichte nicht nur erdulden, man muß sie selbst machen. »Man mußte gegen das Schicksal sein«, bekannte er, »und alles dazu tun, daß wir uns selber Schicksal seien. Ton in des Töpfers Hand, so stand's geschrieben. Wie, sollen wir Ton in der Hand eines blinden Töpfers sein?« Wer so fragt, hat bereits mit seinem Glauben gebrochen, ist ein Abtrünniger; Manès Sperber wurde sich dessen bewußt, als er 13 war. Überzeugt davon, daß die Zeit des Wartens vorbei sei, wurde er Sozialist, er wurde Marxist, er wurde Revolutionär.

Das war später, in Wien, wohin seine Familie im dritten Jahr des Ersten Weltkrieges geflohen war – aus einem Städtel, das Heimsuchungen genug erfahren hatte, dem aber die schlimmste Heimsuchung noch bevorstand. Wien, das aus der Ferne bewunderte, ersehnte, die kunstsinnige, prunkvolle Stadt, die den Jungen in Zablotow nicht losließ, sie hielt damals nur Enttäuschungen für ihn bereit. Es war nicht allein der Sturz in die Armut, den die eigene Familie erlebte; es waren die bedrängenden Erlebnisse, die bei seinen täglichen Streifzügen auf ihn warteten. Er erfährt die Etappe des Krieges in öffentlichen Wärme- und Speisestuben, er trifft Invaliden und Verwaiste, Hungernde und Ratlose, ihm entgehen nicht die verzweifelten Gesten der Menschen, ihre Erbarmungswürdigkeit, ihre Unversöhnlichkeit, doch gleichzeitig wird er Zeuge dekretierter Kriegsbegeisterung und einer erhabenen Mystifikation des Schrecklichen, das sich an den Fronten ereignet. Und er erlebt fassungslos eine besondere Art der Feindlichkeit, die es so im Städtel nicht gab: die Feindlichkeit gegen den Juden. Nicht nur wir machen Erfahrungen, gewisse Erfahrungen machen auch etwas mit uns, sie bringen uns in Zugzwang, sie reduzieren die Möglichkeiten der Wahl und nötigen uns, zu handeln: Handeln als gerichtete Antwort.

In seinem ergreifenden Altersgespräch begründet Jean-Paul Sartre, warum für ihn individuelle Freiheit auch von der Freiheit der anderen abhängt; in ähnlicher Weise empfand Manès Sperber für sich die Abhängigkeit seines Schicksals vom Schicksal derer, die in einem Zustand notorischer Erpressung durch die Umstände lebten: Man kann nicht sein eigenes Leben akzeptieren, ohne sich in Beziehung zu bringen zum Leben anderer. Ein einzelner, ein Ich entdeckt und übernimmt eine elementare Daseinspflicht, und nicht nur dies: Er erkennt, daß das, was geändert werden muß, allein nicht zu schaffen ist, nur ein »Wir« kann das erreichen, und das heißt eine Gemeinschaft, eine Organisation. Manès Sperber schloß sich dem Schomer an, einer jüdischen Pfadfinderorganisation, in der nicht nur wehmütige Volkslieder, sondern auch Marschlieder gesungen wurden, man übte sich im Morsealphabet, im Landkartenstudium, man beschloß, sich zu stellen, keiner Auseinandersetzung aus dem Weg zu gehen, vor allem aber: Man diskutierte; der Meisterdiskutant – und ich weiß, was ich sage, denn ich bin kaum einem begegnet, der den Partner in so sublime, so einträgliche Schwierigkeiten bringt wie Manès Sperber –, der Meisterdiskutant hatte eine vorläufige Heimat gefunden.

Die Ideen der russischen Sozialrevolutionäre wurden diskutiert, Kropotkins Anarchismus und seine »Gegenseitige Hilfe«, Palästinaprobleme selbstverständlich – fast hat es den Anschein, als erwarteten Manès Sperber jeweils die leibhaftigen und intellektuellen Erfahrungen, deren er bedurfte, um seinem Ziel treu zu bleiben. In diesem Sinne erwarteten ihn, den hungrigen Leser, Gorki, Tolstoi und Hamsun, ganz besonders aber erwartete ihn Dostojewski, dessen Philosophie des Mitleids ihn tief beeinflußte und von dem er in seinem biographischen Essay sagte: »Mir wurde gewiß, daß alles, was zur ersonnenen und in Raum und Zeit so fernen Welt Dostojewskis gehören mochte, mich so unmittelbar anging, als wäre ich unversehens in sie geraten und sollte den Weg zurück nie mehr finden ... Man steht seinem Werk nicht gegenüber, sondern wird mit verwickelt, hineingerissen ...« Was er nicht voraussah, das waren die Konflikte, die sich aus der Zugehörigkeit zu einer Organisation ergaben, die am Ende des Krieges zu einer revolutionären Jugendbewegung wurde: Er war Teil einer handelnden Gemeinschaft geworden, er hatte das große Wir-Erlebnis gefunden, doch der familiäre Zusammenhalt – das, was im Städtel so unendlich viel galt – ging verloren. Brüche, Abschied, Opfer: Sie gehören zum Erfahrungshaushalt des Revolutionärs.

Wie und wodurch handelt ein Schriftsteller? Indem er bloßstellt; indem er aufdeckt, was Ideologien verschweigen. Aber auch das kann schriftstellerisches Handeln sein: die Realität so auszulegen, daß niemand sich unbetroffen fühlt, daß wir uns erfahren in unseren Möglichkeiten. Handeln heißt hier ebenfalls: Vorschläge für ein deutliches Leben zu machen, und zwar mit Hilfe sowohl der historischen Analyse als auch des Gegenentwurfs, der über eine enthüllte Gegenwart hinausweist: So war es, so ist es, so könnte es sein. Von Anfang an war der Mann, den wir heute ehren, darum bemüht. Allerdings, mit dem Schriftsteller Manès Sperber, ich meine: mit seiner datierbaren Existenz als Schriftsteller, hat es so seine Eigenheiten: Er hat mehrmals erklärt, daß er verhältnismäßig spät zur Literatur gekommen sei, er hat darauf hingewiesen, daß er 44 war, als sein erster Roman erschien, gleichwohl konnte sich bereits der Gymnasiast veröffentlicht sehen, mit Arbeiten über Dostojewski und Hamsun, und der sehr junge Mann hatte sich mit einem Essay ›Zur Psychologie des Revolutionärs‹ zu Wort gemeldet. Wollte der erfahrene Autor etwa über seine Anfänge nachsichtig hinweggehen?

Keineswegs; Manès Sperber hatte lediglich

einen Lebensfahrplan für sich aufgestellt, und der sah vor, daß er bis zu seinem 30. Jahr Psychologe sein wollte; danach sollte der Schriftsteller zu seinem Recht kommen. So streng wollte er seine Wirksamkeiten geschieden sehen; doch hier möchte ich, selbst wenn ich dabei gegen die Festordnung verstoße, ruhig Einspruch erheben, und zwar aus Hochachtung für den jungen Schriftsteller, der gleichzeitig Psychologe war: Schon bei ihm fanden Scharfsinn und Güte, höchste Empfindsamkeit und zwingende Auslegekunst zu einem so erstaunlichen Ausdruck, daß wir wohl die Trennung, die der Eigentümer der Biographie selbst vornahm, respektvoll in Zweifel ziehen dürfen.

Was immer es besagen mag: Revolutionäre waren in der Mehrzahl leidenschaftliche Leser, auch Manès Sperber war es, und in einer Zeit, die fast ausschließlich revolutionärer Lektüre gehörte, fand eine – für seine Selbstbestimmung – folgenreiche Begegnung statt, die Begegnung mit Alfred Adler, dem Begründer der Individualpsychologie. Adler, der »große Errater«, quittierte das erste Referat seines sehr jungen Schülers – ›Zur Psychologie des Revolutionärs‹ – mit einem stimulierenden Kompliment: »Sie haben wie ein Individualpsychologe gesprochen, der noch nicht weiß, daß er einer ist.« Was lag nach diesem Kompliment näher als der Wunsch, einer zu werden, zumal da die Lehre in ihrer Weise dem Ziel diente, dem sich der junge Manès, schwankend noch vor mehreren Wegen, verpflichtet fühlte. So wie der Mensch zum Opfer äußerer Gewalt, so kann er auch zur Beute innerer Gewalten werden: »Jedes Leiden«, schrieb Manès Sperber, »greift den Menschen in seiner einzigen axiomatischen Gewißheit an, nämlich in dem Bewußtsein, eine unerschütterliche Einheit, ein unteilbares Ganzes zu bilden. Er entdeckt, daß es in ihm etwas gibt, das nicht zu ihm gehört ... Er hielt sich für einen zusammenhängenden Kontinent, nun entdeckt er, daß er nur ein Archipel ist; er glaubte sich Herr über die Zeit und findet nun, daß er von dieser zerstückelt wird.« Die Besessenheit von der Psychologie verdrängte vorübergehend die eingestandene Liebe zur Literatur; von Alfred Adler früh in den geweihten Kreis geholt und mit Kursen beauftragt, gab sein schöpferischster und dann wohl auch ketzerischster Gefolgsmann eine Einführung in die Individualpsychologie und übernahm komplizierte Fälle von Kindern und Jugendlichen. Erziehung zur Gemeinschaft und ein Abbau des Machtstrebens: Dies vor allem erschien dem jungen Psychologen an der Adlerschen Lehre so bedeutsam, daß er ihm eine Monographie widmete (›Alfred Adler, der Mensch und seine Lehre‹) und in Übereinstimmung mit dem Meister – das war 1927 – von Wien nach Berlin ging, um dort als Lehrer für Individualpsychologie zu arbeiten.

Freilich, wie es die schon fast musterhafte Meister-Jünger-Problematik vorgibt, konnte es nicht bei lebenslanger purer Missionsarbeit bleiben; irgendwann kommt es bei diesem Modellverhältnis zu Entzug, zu Trennung, zu dem Bedürfnis nach Erweiterung der Lehre und eigener Unabhängigkeitserklärung; einsichtsvolle Meister jedenfalls werden immer darauf gefaßt sein, daß der Schüler sich erhebt, aus dem Schatten tritt, als mehr oder weniger »treuer Ketzer« das Wort nimmt. Von neuen politischen Erfahrungen genötigt, überzeugt von der Triftigkeit marxistischer Analyse, den Aufgaben zustimmend, die diese Analyse nahelegte, und nicht zuletzt als aktives Mitglied einer sich als revolutionär verstehenden Partei antwortete der Psychologe Manès Sperber auf die Herausforderungen seiner Wirklichkeiten; er trat mit dem Entwurf einer politischen, einer marxistischen Psychologie auf, in der sich aus den Grundlagen einer Charakterologie die Möglichkeiten sozialer Praxis eröffnen sollten. Was ihm vorschwebte, war nach eigener, nach damaliger Bestimmung dies: »Unsere dialektisch-marxistische Psychologie ist nicht abgeschlossen, sondern völlig offen nach vorne. Ich kann mir keine Wahrheit vorstellen, der wir uns verschließen müßten, denn ist auch nicht jede Wahrheit revolutionär, so kann doch keine konterrevolutionär sein.«

Ein Herz für den Häretiker, denn wir wissen, was wir ihm durch alle Zeit hindurch zu verdanken haben; von Leidenschaft angestiftet oder von vernunftbegabtem Zweifel, nahm er Nachrede und Einsamkeit in Kauf, um übersehene Wahrheit ans Licht zu bringen. Manès Sperber wußte, was es hieß, gegen die reine Lehre zu verstoßen, indem er sie erweiterte; den Argwohn von Adlers sektiererischen Anhängern hatte er sich schon bald zugezogen, der Einspruch des Meisters erfolgte zu gegebener Zeit. Unterwerfung oder Bruch:

Wieder bot sich die für Sperbers Leben so charakteristische Alternative an, doch niemand wird bei ihm erwarten, daß er dem inneren Frieden um den Preis der Einäugigkeit den Vorzug gab gegenüber der Geistesunruhe, die Trennung und Abfall mit sich brachten. Wie einst sein Glaube »durchlöchert« wurde, bis es zur Abwendung kam, so vollzog sich auch, durch Erkenntnis eingeleitet, der Bruch mit dem Lehrer, dem Freund, dem »sozialen Genie« seiner Zeit.

Wer mit Camus die Gewißheit teilt, daß ein Leben gerechtfertigt werden muß, der sieht sich fortwährend vor die Notwendigkeit gestellt, zu handeln; doch seltsam genug, irgendwann kommt ein Tag, an dem er entdeckt, daß Handeln ein schwankender Wert ist, daß es keine fortdauernde Legitimation darstellt, sondern allenfalls eine vorübergehende, eine jeweilige. Und das heißt wohl, daß nicht wir allein die Qualität unserer Handlungen und Entscheidungen festlegen; vielmehr gibt es etwas, das sie mitbestimmt: die historische Konstellation, die Lage der Zeit. Die Friedhöfe unserer Ideale und Idole, die uns einst zur Aktion brachten, beweisen es zur Genüge.

Manès Sperber war nur einer von Tausenden europäischen Intellektuellen, die damals, als die große Wirtschaftskrise die kapitalistische Welt erbeben ließ, nach Antworten auf die allgemeine Not suchten. Ihr Traum: die Welt in einem kraftvollen revolutionären Aufräumen, in einem »letzten Gefecht« nicht nur vorübergehend, sondern ein für allemal von Existenzangst und Unterdrückung zu befreien – mit jenen Mitteln, die die Sache erforderlich machte. Arthur Koestler, Ignazio Silone, Manès Sperber: Sie stimmten, unabhängig voneinander, darin überein, daß »unbedingt etwas geschehen mußte«, daß aber nichts geschehen würde, wenn nicht sie es herbeiführten, und das heißt, die Kommunistische Partei, die ihren Willen zusammenfaßte, die ihnen ein Mekka anbot und das Heil versprach. »Recht haben ist wichtig«, heißt es in ›Tiefer als der Abgrund‹, aber »nicht allein sein ist viel wichtiger.« Der suchende, der mitleidende Wanderer, immer Ausschau haltend nach den »Hügeln hinter den Hügeln« – ein oft beschworenes Bild – glaubte wiederum, eine Art Heimat gefunden zu haben . . . »Ich beabsichtigte keineswegs«, sagte er, »ein Berufspolitiker oder – um mit Lenin zu sprechen – ein professioneller Revolutionär zu werden, sondern nur ein Militant, ein aktives Mitglied einer revolutionären Partei.«

Nicht allein Manès Sperber, viele seinesgleichen gingen davon aus, daß Geschichte, daß Leben einen Sinn habe, und wenn nicht dies: daß man ihnen dann einen Sinn verleihen müsse; aber welchen? Da in gegenwärtiger Realität nichts dergleichen auszumachen war, kam man überein, für ein sinnerfülltes Dasein in Zukunft tätig zu sein, der Sinn wurde sozusagen zu einer utopischen Größe: Nachdem der Mensch aufgehört haben wird, vom Menschen zu leben, werden wir das letzte strahlende Ziel des geschichtlichen Ganges erreicht haben, das endliche Happyend nach allen leidvollen Weltepochen. Sie handelten im »Namen der Hoffnung«, Männer von enormer Bildung und Erfahrung, die es wohl niemals geglaubt hätten, daß sie eines Tages zu der gleichen Erkenntnis kommen würden wie jener Rubaschow, Koestlers Held aus dem Roman ›Sonnenfinsternis‹: Nach allen Opfern und Niederlagen erwartet ihn nur das »Achselzucken der Unendlichkeit«.

Von manchem Leben möchte man sagen, daß es bis zu einem gewissen Grade einem

Zwangskurs folgt, und das heißt, es folgt der vorgegebenen Spur, den eigentümlichen Markierungen, die Risiken und Unwägbarkeiten sind allemal absehbar. So erscheint es als unvermeidlich, daß Manès Sperber, der auch als Marxist dem Prinzip Zweifel die Treue hielt, in Widerspruch zu einer Partei geriet, die immer recht hatte und die, in behaupteter Irrtumslosigkeit, lediglich genehme Wahrheit dekretierte. Lange hat es gedauert, bis er die Souveränität eigenen Erkennens für sich forderte, denn er hatte zuviel investiert und zuviel auf sich genommen: Schutzhaft in Berlin, Emigration nach Jugoslawien, Armut und Bitternis des Exils in Paris. Ihm entging nicht, in welcher Weise die Partei zum Instrument eines gigantischen Machtapparats gemacht wurde, wie so viele andere litt er unter einer unbegreiflichen Taktik, die als Generallinie ausgegeben wurde, doch vorerst konnte er sich zur Trennung nicht entschließen; er arbeitete am Pariser Institut zum Studium des Faschismus, schrieb Artikel und Essays, übernahm Kurierdienste, hielt Vorträge in diesem und jenem Land – überzeugt davon, daß einer größeren Gefahr für Europa begegnet werden müßte, dem sich selbst entlarvenden Faschismus. Als Moskau endlich darin einwilligte, die Volksfrontpolitik zu unterstützen, wurden Manès Sperber und manche seiner Freunde aus einem Zustand des schmerzhaften Haderns erlöst; sie konnten damit beginnen, sozialistische Gruppen und Organisationen, die bis dahin als Hauptfeind galten, für eine Aktionsgemeinschaft gegen den Faschismus zu gewinnen.

Dennoch – bei aller Bedeutung dieser Aufgabe –, der Bruch war angelegt, er mußte erfolgen, da der skeptische Gläubige nicht aufhörte, auf einer Forderung zu bestehen: auf der Unabhängigkeit des eigenen Urteils. Als in Moskau die großen Schauprozesse begannen, als Unschuldige mit den absurdesten Argumenten zu Schuldgeständnissen gepreßt und in den Tod geschickt wurden, gab es keine Wahl mehr; wer die Wahrheit über diese Hexenprozesse kannte – und viele kannten sie –, mußte sich entscheiden. Pjatakow und Sinowjew, Kamenjew und Rykow und mit ihnen 1000 andere büßten für Verbrechen, die Stalins Geheimpolizei erfunden hatte; – für alle, die sich ihren Verstand bewahrt hatten, eine alptraumhafte Herausforderung. Die Grenze der Selbstverleugnung war erreicht.

Der Glaubensabfall von dem »Gott, der keiner war« ging, äußerlich betrachtet, verhältnismäßig still vor sich, fast wie ein Rückzug ins Privatleben. Manès Sperber bekannte indes, daß der Entzug, zu dem er sich als »Hoffnungssüchtiger« entschieden hatte, unerwartete und zum Teil bedrohliche Probleme mit sich brachte: Heimatlosigkeit und Einsamkeit hatte er bereits an sich erfahren, was hinzu kam, das war ein Gefühl der Gegnerschaft gegen sich selbst: Welche Folgen hat mein Irrtum; hab' ich am Ende mit verraten? »Wer sich selber feind wird«, so schrieb er, »gerät in Gefahr, jeden Ausblick auf die Zukunft zu verlieren.« Es galt, sich in einem Niemandsland von neuem zu bestimmen, eine Zuflucht zu finden, wo man in Übereinstimmung mit sich selbst handeln konnte; diese Zuflucht wurde für Manès Sperber die Literatur.

Freilich, für den schreibenden Einzelgänger, der sich von etlichen Kameraden mit den Worten verabschiedet hatte: »Vergiß mich nicht«, fand sich keine bukolische Einsamkeit, die Zeitgeschichte spürte ihn überall auf, holte ihn immer wieder ein und stellte ihn vor folgenreiche Entscheidungen. Den Zweiten Weltkrieg erlebte er als Freiwilliger, abermals wurde er Zeuge von Not und Untergang, die Spannungen illegalen Daseins blieben ihm ebenso wenig erspart wie die nächtliche Flucht über die Grenze und die Erfahrungen des Lagers. Kaum schafft sich dieses Leben einen Entwurf, da wird schon eine gewaltsame Befristung erkennbar, Gegenwart wird fortdauernd entwertet: eine leidvolle Durchgangsphase, mehr ist sie nicht. Es gibt keinen vollkommenen Sieg, oder, mit Hemingway zu sagen: »Der Sieger geht leer aus«; nach dem Ende des Krieges fand Manès Sperber diese Erkenntnis bestätigt; doch auch sie führte ihn nicht in die Resignation. Als ob seine eigene Vergangenheit an ihn appelliert hätte, übernahm er, womit man ihn und womit er sich selbst beauftragt hatte, er handelte in wesentlicher kulturpolitischer Mission, er handelte mit der Legitimation des Zeugen überall da, wo er Vernunft und Wahrheit bedroht sah, er, der »Spezialist für Niederlagen«, handelte unentmutigt als Aufklärer und Vermittler des nötigen Worts.

Über sein Verhältnis zum Schreiben sagte er selbst: »Ich nehme das Schreiben so ernst wie das Leben und die Drohung des Todes, denn ich bleibe dessen stets gewahr, daß alles künstlerische Schaffen, besonders aber jenes des Dichters, den ganzen Menschen auf die Probe stellt: sein Wesen, sein Wissen und sein Bewußtsein, seine innere Wahrhaftigkeit ebenso wie seine nicht überwundenen Schwächen.« Sperbers Themen, seine Motive und Konflikte: Er brauchte sie nicht mühsam zu wählen, von weither zu beziehen, er verfügte bereits über sie als eine Art erlittenen Besitz, die Erfahrungen des Überlebens reichten allemal aus, um den Zustand der Welt zu beschreiben. Auch wenn es arg allgemein klingt: Für den Schriftsteller stellt sich nur ein Thema, und das ist die Welt in ihrer Unübersehbarkeit; um ihre Spielregeln aufzudecken, um zu zeigen, was sie verwehrt und möglich sein läßt, genügt es durchaus, ihr das Schicksal eines einzelnen in seiner Zeit entgegenzusetzen, ja, durch das Schicksal des geprüften Individuums läßt sich die allgemeine Lage wohl am verläßlichsten darstellen. Man kann schließlich nicht von sich sprechen, ohne auf die andern einzugehen, sie zumindest mit zu meinen; die Aufbrüche des einzelnen, seine Hoffnungen und Niederlagen weisen unwillkürlich über individuelles Dasein hinaus.

Nach seinen eigenen Worten wollte der

Schriftsteller Manès Sperber »nur ein Erinnerer« sein; er sagt »nur« und weiß, daß dies nicht wenig ist; denn erinnern, das heißt ja nicht allein wiederzubeleben, es stellt auch einen Akt der Auflehnung dar gegen das Vergessenwerden: Wir finden uns nicht ab mit der Gleichmütigkeit der Geschichte, die über alles hinweggeht. Als Angehöriger eines Volkes, dem das »Aufbewahren« unendlich viel gilt, ist Erinnerung aber – so glaube ich wenigstens – für Manès Sperber noch etwas anderes, nämlich eine besondere Form der Liebe, eine Liebe zu denen, die ihr Unglück stimmlos gemacht hat, deren Opfer vergeblich war. Sein Lebensbericht – die drei Bände ›Die Wasserträger Gottes‹, ›Die vergebliche Warnung‹ und ›Bis man mir Scherben auf die Augen legt‹ – ist ein einziges Beispiel dafür. Der Autor steigt hinab in das Schattenimperium seiner Zeit, doch er will es nicht damit bewenden lassen, daß alles in seiner Vergangenheit bleibt; er mischt die Zeiten, verschmilzt die Horizonte – die Trauer Galiziens findet ihre Entsprechung in Wien, die Hoffnungen, die Berlin zuließ und vereitelte, werden mit den Hoffnungen der Pariser Jahre verglichen, in einem forschenden Zwiegespräch wird »All das Vergangene« so nah gesehen, daß seine konstituierende Bedeutung für die Gegenwart offenbar wird.

Der Beter und der Wasserträger, der Komplize und der Mentor, der aufrichtig Irrende und der »Engel mit gebrochenen Flügeln«: durch die Kraft der Vergegenwärtigung werden sie für einen Augenblick zu Zeitgenossen, die in unser Leben hineinsprechen. Das Gleichnishafte, das Sperber in allem zu zeigen oder anzudeuten versucht, erhöht unsere Empfindlichkeit für die Situation.

Auch in seinem bedeutendsten epischen Werk, in der Roman-Trilogie ›Wie eine Träne im Ozean‹, wird deutlich genug, wem die Sympathie des Schriftstellers gehört, wem er sich verbunden fühlt in lebenslänglicher Solidarität: Es sind die Gefährten, die aus Überzeugung die Aktion wählten und erfahren mußten, daß ihre Auflehnung vergeblich war. Es sind die skeptischen Wahrheitssucher, die, wenn auch von der Geschichte besiegt, ein Recht auf ihrer Seite behalten: das Recht, angesichts von Lüge und Gewalt zu handeln. ›Wie eine Träne im Ozean‹: ein großes Zeugnis europäischer Romanliteratur, ein politisches und philosophisches Werk, eine Gewissenserforschung, ein Zeitporträt ohnegleichen, an dem, so kam es mir mitunter vor, Dostojewskis Leidenschaft ebenso mitgewirkt hat wie die denkerische Luzidität der französischen Moralisten. Die Vorbereitung einer politischen Aktion und das Herz einer Stadt: die bisweilen aphoristisch anmutende philosophische Debatte und das sanfte Liebeserlebnis; die »todbringende Wahrheit« – wie Malraux es nannte – und das Bild einer Landschaft: Die gleiche Meisterschaft verbindet den Ereignisreichtum und die Gestaltenfülle dieses Buches. »Wie so viele Schriftsteller vor ihm«, bemerkte Manès Sperber in einem Vorwort, »hat der Autor seinen Lesern nur eines angeboten – mit ihm seine Einsamkeit zu teilen.« Dies Angebot wurde angenommen, dankbar und nicht ohne Folgen; denn wie der alte Brandes in Kopenhagen sagte: Gut ist das Buch, das mich verändert.

Erinnerer wollte er und will er sein; doch der Erinnerer wird nach eigenem Eingeständnis zum »besessenen Erben des Vergangenen«, wann immer er sein Judesein bedenken muß, er wird zum »Erben eines Unglücks«. Unfähig zur Gleichgültigkeit, aber auch unfähig zum Haß, ermißt er jüdisches Schicksal, das heißt jüdisches Leid, er deckt die historischen Ursachen des Antisemitismus auf und begründet, warum er, ein Ungläubiger, immer zum Judentum gehören wird. ›Churban oder Die unfaßbare Gewißheit‹: Dieser Essayband gibt eine Antwort darauf, warum Zablotow gegenwärtig bleiben muß, warum auch die Ahnen, die Gefährten und Wegbegleiter gegenwärtig bleiben müssen, die despotische Gewalt als Opfer bestimmte. »Ich bin ein europäischer Jude«, sagt Manès Sperber, »der jeden Augenblick dessen bewußt bleibt, ein Überlebender zu sein, und der nie die Jahre vergißt, in denen ein Jude zu sein ein todeswürdiges Verbrechen gewesen ist.« ›Churban‹, das steht hier für Holocaust und meint die Zerstörungen des Ersten und Zweiten Tempels. Was zerstört ist, vernichtet wurde – es verpflichtet den Nachkommen in besonderer Weise: Er bereitet dem Verlorenen eine Heimat in seinem Gedächtnis.

Aber dieses Werk ist nicht allein durch den besonderen Geist des Erinnerns geprägt, ich finde in ihm ebenfalls die charakteristischen Züge einer souveränen Gegenwehr gegen die Zumutungen der »täglichen Weltgeschichte«.

In den programmatischen Essays von Manès Sperber zeigt sich: Hier wehrt sich einer mit allen Mitteln des Scharfsinns und der analytischen Beweiskunst, hier teilt einer seine Antworten aus, indem er gelassen Erscheinungen ausfragt, demaskiert, was uns blendet, in Zweifel zieht, was sich nicht rechtfertigen läßt, bestätigt, was verantwortbar ist. Der bestimmende Anstoß für den Essayisten, wie er ihn selbst sieht: ». . . eine aufdringliche Ungewißheit, eine herausfordernde Fragwürdigkeit, in der sich eigenes oder fremdes Leben oder ein bedeutendes, aber widerspruchsvolles Werk oder schließlich ein vieldeutiges Ereignis darstellt.« Allein die Titel seiner Essays machen deutlich, daß das Programm, das er sich einst entwarf, verbindlich für ihn geblieben ist – man kann es auch Treue zu sich selbst nennen: Sie heißen etwa ›Zur Analyse der Tyrannis‹, ›Die Achillesferse‹ (darunter ›Die polizistische Geschichtsauffassung‹, ›Über den Haß‹); sie heißen: ›Die falschen Situationen‹, ›Die falsche Alternative‹, ›Wallfahrt nach Utopia‹ oder ›Geschick und Mißgeschick der Intellektuellen in der Politik‹.

Er hat nicht aufgehört, die Herausforderungen anzunehmen, uns ins Bewußtsein zu bringen, was Ideologie unterschlägt und welche Fallen sie bereithält. Kassandras Stimme ist nicht brüchig geworden; der alte Warner nimmt nach wie vor das Wort, obwohl er oft genug erfahren hat, daß seine Warnungen vergeblich waren. Wo die Wahrheit in Bedrängnis gerät, wo man uns in trügerische Paradiese hineinzwingen will, wo die Gesetze der Moral außer Kraft gesetzt werden und eine anmaßende Macht den einzelnen zur Unmündigkeit verurteilt, kann man mit Manès Sperber rechnen, mit seinem Einspruch, mit seinem Widerstand, der beglaubigt wird durch jede Erfahrung am eigenen Leib.

Ich wünschte, ich könnte hier noch mehr über ihn sagen, über sein Verhältnis zur Sprache und zu Sprachen zum Beispiel, über seine Freundschaften und Begegnungen, über das Geheimnis seines Witzes und sein Talent als Zuhörer; vieles könnte, müßte noch zu seinem Lob erwähnt werden – ich muß mich mit dem Gesagten begnügen.

Manès Sperber erhält den Friedenspreis des Deutschen Buchhandels. Er ist für den Frieden tätig gewesen, indem er unnachsichtig für die Erfüllung der Menschenrechte plädierte.

Er hat eine Möglichkeit des Friedens gezeigt durch seine Wahrheitsliebe und Menschenliebe – er, der mit vielen seiner Generation durch alle Finsternisse dieses Jahrhunderts gegangen ist.

Den Friedenspreis des Deutschen Buchhandels
verleiht der Börsenverein im Jahre 1983

MANÈS SPERBER

dem Schriftsteller, der den Weg durch
die ideologischen Verirrungen des Jahrhunderts
mitgegangen ist und sich von ihnen befreite.
Er hat sein Leben lang die Unabhängigkeit
seines eigenen Urteils bewahrt und,
unfähig zur Gleichgültigkeit, den Mut aufgebracht,
jene nicht existente Brücke zu betreten,
die sich nur vor dem ausbreitet,
der seinen Fuß über den Abgrund setzt.
Wir ehren Manès Sperber in Dankbarkeit.

Börsenverein des Deutschen Buchhandels

Der Vorsteher
Günther Christiansen

Frankfurt am Main, in der Paulskirche
am 16. Oktober 1983

Manès Sperber

Leben im Jahrhundert der Weltkriege

Rede zur Verleihung des Friedenspreises des Deutschen Buchhandels

»Es ist eine traurige, eine große, eine schwierige Ehre, anstatt Manès Sperbers hier zu stehen und seine Rede vorzulesen. Ich bin mir da voll bewußt – wenn ich auch mein Bestes tun werde –, daß es nicht so sein wird, als wenn er da stünde und selbst seine Gedanken vorgetragen hätte.«

Alfred Grosser

Ich bin der zweite Laureat des Frankfurter Friedenspreises, der durch Abstammung wie Wahlverwandtschaft ein Ostjude und trotzdem ein der deutschen Kultur in schmerzlicher Untrennbarkeit verbundener Schriftsteller geblieben ist. Der erste meiner Art ist ein vor acht Jahren in Jerusalem verstorbener chassidischer Religionsforscher, der deutsche Schriftsteller und israelische Universitätsprofessor Martin Buber gewesen. Am 27. September 1953 sagte Buber zu Beginn seiner Ansprache über ›Das echte Gespräch und die Möglichkeit des Friedens‹ (ich zitiere das Wesentliche):

»Eine erhebliche Anzahl deutscher Menschen haben auf den Befehl der deutschen Reichsregierung Millionen Juden in einer systematisch vorbereiteten Prozedur umgebracht ... Sie (die Mörder) haben sich dem menschlichen Bereich so dimensional entrückt, daß nicht einmal ein Haß in mir hat aufkommen können. Und was bin ich, daß ich mich vermessen könnte, hier zu vergeben!« (Soweit Buber).

Eine Rundfrage meines verehrten Freundes Hermann Kesten beantwortend, schrieb ich im Jahre 1963 unter anderem dieses: »Im Frühjahr 1943 erfuhr ich aus dem Munde eines Augenzeugen, was in Polen geschah; ein junger Mann berichtete mir, was er in einigen jüdischen Städten Polens selbst gesehen und in Treblinka erlebt hatte ... Mir wurde es gewiß, daß Deutschland mir niemals mehr sein konnte, was es für mich bis dahin, bis zu meinem 37. Lebensjahr, gewesen war ...«

Selbst damals, in jener entsetzlichen Stunde, empfand ich keinen Haß und keine Rachsucht gegen das Volk, dessen gewählte Führer unschuldige Männer, Frauen und Kinder meines Stammes erniedrigen und sodann ausrotten ließen.

Kein Ressentiment, kein Haß – was also trennt mich von Deutschland?

»Eine Trauer, so grenzenlos, daß das Leben einer Generation nicht ausreicht, sie auszuschöpfen. Ja, in meinem tiefsten Innern glaube ich, daß es während zwei oder drei Generationen für Juden meiner Art unwürdig bleiben wird, sich mit den Deutschen zu identifizieren.«

Würde ich Ihnen jetzt dies alles nicht ins Gedächtnis rufen, so geriete ich in eine subjektiv und objektiv *falsche Situation*. Im Gedenken an die Erniedrigten und Ermordeten, als deren untröstlicher Hinterbliebener ich mich bis an mein Lebensende empfinden werde, muß ich mich und Sie an diese nahe Vergangenheit, an diese unfaßbare, unauslöschliche Gewißheit erinnern.

Als wir in den ersten Monaten des Jahres 1915 von unserer zweiten Flucht vor der russischen Invasion in unser Städtchen am Pruth zurückkehrten, begleitete uns der aus Wien geholte Lehrer. Nun galt es eilig, die verlorene Zeit aufzuholen. Am Vormittag bereitete er mich für einen frühen Eintritt in eine Wiener, also deutschsprachige Schule vor; die zweite Hälfte des Tages aber war der Religion, der Bibel gewidmet. Die frühen Nachmittagsstunden gehörten dem Studium des jeweiligen Wochenabschnitts der Thora, in den späteren lernte ich die Bücher Jesajas und Jeremias ins Jiddische und ins Deutsche zu übersetzen. Jesaja zuerst, dessen unerbittlich fordernde und zugleich hoffnungsvolle Botschaft mich Ungläubigen noch heute angeht, und dann Jeremias, dessen Leiden am eigenen Volke mich entdecken ließ, daß Liebe eine unversiegbare Quelle von Unglück sein kann. Er klagte: »Weñemar: Schalom, schalom! We-en Schalom!« – »Man ruft: Frieden, Frieden, aber es ist kein Friede.«

Seit jenem ersten Kriegswinter begleitete mich diese Klage wie der bedrängende Kehrreim eines Liedes, der seit Jahrtausenden nutzlose Mahnung bleibt.

Wer jenen Krieg auf seiten der Zentralmächte erlebt hat, wird niemals die Friedenssehnsucht vergessen, die uns alle, Zivilisten wie Frontkämpfer, beherrschte. Sie glich einer tyrannischen, unstillbaren Sucht. Und zur Zeit, als wir, am Ende des zweiten Kriegsjahres, in der Kaiserstadt, in unserer Hauptstadt Wien Zuflucht suchten, da breitete sich auch im Hinterland die Friedenssehnsucht aus.

Vom Frieden allein erwartete man die Lösung der Probleme, die mit jedem Tage bedrängender wurden. Damals, mit elf Jahren, wurde ich ein leidenschaftlicher Pazifist, lief in verbotene Versammlungen, sang aufrührerische Lieder aus voller Brust und stimmte in den Chor der Demonstranten ein: »Nie wieder Krieg! Nie wieder Krieg!« – das war und blieb noch lange unsere Parole.

Diese nicht nur autobiographische Bemerkung stelle ich meiner Ansprache voran, weil ich im Laufe meiner Ausführungen voraussichtlich Zweifel an meinem Pazifismus von heute erwecken werde. Seit langen Jahren ersetze ich die üblichen Friedensanpreisungen durch die Frage: Warum konnten die Erfahrungen jener Jahre nicht verhindern, daß etwa 20 Jahre nach dem Ersten Weltkrieg ein zweiter folgte, der von unserem Kontinent ausging und schließlich die ganze Welt mitriß?

Ja, ich habe bereits in meiner Kindheit den Krieg hassen gelernt und ihn zu hassen nie aufgehört. Doch gerade im Hinblick auf jene Jahre wie auf die gegenwärtige Lage und auf die aggressivsten Kundgebungen der heutigen Pazifisten kann ich mich nicht als einer der ihren ansehen.

Verehrte Anwesende, ich werde nunmehr nicht über den Frieden, sondern über den Krieg sprechen. Wir stimmen wohl überein: Es gibt keinen guten Krieg, jedoch kann es einen guten, öfter noch einen schlechten Frieden geben, den man heutzutage als »kalten Krieg« bezeichnet. Immanuel Kant, unser aller Lehrer, hat im Jahre 1795 in seiner Schrift ›Zum ewigen Frieden‹ das Postulat aufgestellt: »Es soll kein Friedensschluß für einen solchen gelten, der mit dem geheimen Vorbehalt zu einem künftigen Krieg gemacht worden ist.« In der Tat ist ein schlechter Friedensschluß der Vater jedes neuen Krieges. Andererseits gibt es überall, wo man an den Gott der Bibel glaubt, den Begriff vom »ewigen Frieden«, den Jesajas als den Zustand prophezeit hat, der auf den »letzten aller Tage« folgen würde. Nun, weder vorher noch seither, das heißt seit 2500 Jahren, hat es auf dem Planeten wohl auch nur ein Jahr ohne Krieg gegeben, hingegen gar manchen Waffenstillstand, den man gerne als Frieden bezeichnete. »Es ist kein Friede!« klagte Jeremias mit Recht. Soll man daraus folgern, daß der Krieg die gewöhnliche, stets wiederkehrende Form der Beziehungen zwischen den Völkern ist? Wer wollte darauf antworten? ...

Um es völlig klarzumachen: Ich bin entschiedenst gegen *jeden* Krieg, gleichviel, auf welchen Glauben oder welche Ideologie sich die Angreifer berufen mögen. So konfliktreich der Friede auch sein mag, der auf den Zweiten Weltkrieg gefolgt ist, so muß man dennoch jeden Versuch ablehnen, mit einem Krieg eine Änderung der Verhältnisse herbeizuführen, die vor allem dadurch entstanden sind, daß die freien Staaten sich mit einem totalitären Staate hatten verbinden müssen, den Hitlers wahnwitziger Angriffskrieg in ihr Lager geworfen hatte. Nachher mußte Europa seine Grenzen weit zurückstecken. Polen, ein kulturell okzidentales Land, ist nicht mehr europäisch; die Tschechoslowakei, seinerzeit eines der fortgeschrittensten demokratischen Länder Mitteleuropas, ist es nicht mehr. Ungarn, Rumänien, Bulgarien sind es nicht mehr. Sie alle haben ihre nationale Unabhängigkeit verloren.

Im Unterschied zu meinem Freunde Raymond Aron, dem unbestechlich luziden Wahrheitssucher, dem Philosophen, Soziologen und politischen Denker, der vor Jahren ein grundlegendes Buch über ›Frieden und Krieg‹ und später ein zweibändiges Buch über

›Clausewitz – Den Krieg denken‹ publiziert hat, spreche ich hier über den Krieg nur als ein aufmerksamer Zeitgenosse und ein Individual- und Sozialpsychologe, der seit langen Jahren der Frage nachsinnt, warum sich seine Zeitgenossen so leicht mit einem zweiten Weltkriege abgefunden haben, als ob sie gar nichts aus dem ersten gelernt hätten. Von da an gelangte ich zur umfassenderen Frage, die das allgemeine Verhältnis der Menschen zum Krieg betrifft, und suchte die Antwort bei den jüdischen Propheten, bei den Dramatikern der Antike, bei Homer, Thukydides, bei den griechischen und römischen Historikern, bei christlichen Autoren und Kriegssoziologen von heute. Seit Jahrtausenden bieten sich *viele* Antworten an, doch nicht *die* Antwort, die allein dem Sachverhalt gerecht wäre. Was ich als Psychologe hinzufügen kann, ist natürlich keineswegs ausreichend ...

Hier eine Einsicht, die sich mir seit Jahren aufdrängt: Sie betrifft das Verhältnis des Menschen zu seinem tyrannischen Alltag, den er als Versklavung und als Entkernung seines Wesens empfindet. Ihm sucht er, bewußt oder unbewußt, zu entweichen. Ja, seit Jahrtausenden suchen Menschen aller Stände der täglichen Wiederkehr des Gleichen zu entfliehen – gleichviel wohin. Gewiß, man kann in intimen Erlebnissen, in Liebe und Freundschaft, aber auch in intimen Zwistigkeiten Abwechslung, Flucht und Ausflucht suchen, aber nur das große Abenteuer, ein allgemeines *Moratorium des Alltags*, kann eine völlige Umwälzung der Lebensweise und der alles regelnden täglichen Ordnung herbeiführen. Riesenbrände, Überschwemmungen, Erdbeben und andere Naturkatastrophen und schließlich das von Menschen selbst herbeigeführte, religiös, ideologisch, national, sozial oder sonstwie begründete und gerechtfertigte Unheil: der Krieg.

Während der ersten Tage eines Krieges herrscht in den kriegführenden Ländern eine Stimmung vor, die schlechthin unbeschreiblich ist, weil sie merkwürdige Euphorien und Urängste, Gefühle persönlicher Befreiung und allgemeiner Verknechtung vermischt.

Nein, meine verehrten Anwesenden, ich glaube natürlich nicht, daß diese merkwürdige psychologische Folge eines Kriegsausbruches und die vielen Nebenerscheinungen, die ein länger dauernder Krieg mit sich bringt,

Begeisterung für einen Krieg erzeugen. Jedoch bleibt unleugbar, daß die vernünftige Ablehnung des Krieges nicht immer vorherrscht, ja, daß kriegsfröhliche Stimmungen aufkommen, die keineswegs nur politisch, religiös oder sozial ausreichend begründet sind.

Von dem besonders intensiven, verführerischen Erlebnis der Kriegs-Kameradschaft haben bedeutende Schriftsteller, die im Ersten Weltkrieg an der Front gewesen sind, eindringlichst erzählt: so Ernst Jünger, Erich Maria Remarque, Ludwig Renn und so viele andere. Empfindsame Leser mußten den Eindruck gewinnen, daß sie selbst nie recht verstehen würden, worum es da wirklich ging.

Nun, jeder von uns ahnt, daß es Erlebnisse gibt, von denen man alles weiß, ohne das Wesentliche erfassen zu können, solange man nicht selbst durch sie hindurchgegangen ist. Etwa: die Mutterschaft, die Vaterschaft, eine lange Gefangenschaft in der Einzelzelle, ein langes Exil – ja, all das muß man selbst erlebt haben, um es verständnisvoll zu erfassen. So bleibt auch im flächigen Bild des Krieges für den Außenstehenden vieles unsichtbar, das in den überlebenden Soldaten ständig nachwirkt. Unter anderem eine merkwürdige Erlebnisstimmung – *die des wieder auferstandenen Lazarus,* über dessen zweites Leben manche Dichter nachgesonnen haben.

Viele von Ihnen, die mich jetzt hören, können sich mühelos an die Flucht vor den Luftbombardements erinnern und an den Augenblick, da sie aus den Schutzkellern wieder ans Tageslicht traten. Denken Sie an die seltsam euphorische Stimmung, in der Sie mitten unter Trümmern jedes Mal aufs neue beinahe übermütig zu leben begannen, wie von allem Schrekken wundersam geheilt. Es handelt sich da um das merkwürdige Triumphgefühl des Spielers, der nach vielen Verlusten die Nacht mit einem nicht mehr erhofften Gewinn beendet.

Welche Schlüsse sollen wir aus alledem ziehen? Meine Damen und Herren, ich habe eingangs gestanden, daß ich keinerlei Kriegstheorie entwickelt habe und keineswegs begründen kann, warum Völker sich seit Jahrtausenden immer wieder »auf die Schlachtbank führen lassen«, um mit Schiller zu sprechen. Aber ich kann nicht aufhören, über diese Dinge nachzusinnen und in dem Unerklärlichen, Nichtverstandenen, Widersprüchlichen des menschlichen Verhaltens nach einer Erhellung der *conditio humana* zu suchen.

Immanuel Kant formulierte als zweiten *Definitiv-Artikel* ›Zum ewigen Frieden‹: »Das Völkerrecht soll auf einen Föderalism freier Staaten gegründet sein.« Dieser Satz enthält das Wesentliche, worauf es heute ankommt: Die Vorbedingungen zu einer Föderierung *freier* Völker in Europa, die selbst dem Skeptiker und Pessimisten ebenso möglich wie wünschenswert erscheinen muß, sind nunmehr gegeben – jetzt, da ein Krieg um die Vormachtstellung sinnlos geworden ist, jetzt, da ein Krieg in Europa nur noch für alle ein vernichtender Bürgerkrieg sein würde.

Ja, der Krieg ist sinnlos geworden, sofern er es nicht seit jeher gewesen ist. Der Erste Weltkrieg war das wahnwitzigste Abenteuer der Menschheit. Das beweist nicht nur sein tatsächlicher Verlauf und die Ungeheuerlichkeit des Blutverlustes, den er insbesondere den europäischen Nationen, Siegern wie Besiegten, zugefügt hat, sondern auch die zerstörerische Unordnung, die er zurückgelassen hat. Und trotzdem, trotz alledem ... Wird der Krieg von uns allen als völlig sinnlos empfunden?

Die Pazifisten sprechen gewöhnlich wenig vom Kriegserlebnis, sondern ständig vom zerstörerischen Wahnwitz, von der fortdauernden Apokalypse und vom Grauen der Atomwaffen. Und wer könnte daran zweifeln, daß die Atomwaffen das Ungeheuerlichste darstellen, was der Mensch bisher erfunden hat, um Menschen zu töten und ihre Wohnstätten zu vernichten?

So ist es durchaus begreiflich, daß man zahllose Menschen, Männer und Frauen, dazu bringen kann, gegen die Atomwaffen Proteste zu unterschreiben, in Massenversammlungen gegen sie zu demonstrieren, die Mitbürger vor der Gefahr eines Atomkrieges zu warnen und die Erzeugung und Aufstellung von Raketen zu verhindern.

Meine Damen und Herren, der Pazifismus ist in Europa keineswegs eine neue Erscheinung. Im vorigen Jahrhundert haben beinahe in allen Hauptstädten der Welt internationale Kongresse gegen den Krieg stattgefunden. Die bedeutendsten Intellektuellen der Zeit sind mit dabeigewesen: Ich nenne nur einen, der weltberühmt geblieben ist: den französischen Dichter Victor Hugo. Man weiß andererseits, daß die pazifistische Gesinnung sowohl in den marxistischen wie in den anarchistischen Arbeiterbewegungen aller Länder vorgeherrscht hat. Man hat nicht vergessen, daß die Zweite Internationale, die anerkannte Führung der gesamten sozialistischen Arbeiterbewegung, der politische Wegweiser der Gewerkschaften und eines großen Teils der Konsumvereine gewesen ist. Nun, bis zum letzten Augenblick haben die Arbeiterparteien gegen die Kriegspolitik aller Staaten protestiert. Riesige Massen demonstrierten in den europäischen Hauptstädten gegen den Krieg. Auf den *gleichen* Straßen marschierten wenige Tage nach Kriegsanbruch Männer und Frauen, um ihre patriotische Begeisterung laut werden zu lassen und um die an die Grenzen abgehenden Soldaten zu bejubeln.

Doch es geht, wie ich eingangs betont habe, nicht *nur* um die vernichtende Kraft der Waffen – in *jedem* Krieg geht es um legalisierten, ja anbefohlenen Mord an unschuldigen Menschen, ob man sie nun mit Hieb- und Stichwaffen, mit Hinterladern oder Repetiergewehren tötet, mit Kanonen oder mit Bomben, mit Gasen oder Kernwaffen vernichtet. Es kommt darauf an, unermüdlich zu erforschen: Warum, wozu Krieg? Warum, wieso er auch jenen Zeitgenossen erträglich erscheint, die während vieler Jahre vor ihm als dem furchtbarsten Unglück zu warnen nicht aufgehört haben. *Wer anstatt über die Quelle und die Gründe der Kriegsgefahr nachzudenken, seinen leidenschaftlichen Protest nur auf die Waffen, und wären es die mörderischsten, reduziert, vermeidet, bewußt oder unbewußt, die Suche nach dem Feuerherd und erliegt der heute weitverbreiteten Neigung, die Mittel mit den Zielen zu verwechseln.*

Ja, ich wiederhole es: Ich bin gegen jeden Krieg, *ausnahmslos.* Aber ich weiß, ich wußte es auch im Jahrzehnt des Dritten Reiches, daß ein totalitäres Regime sich gefährdet glaubt, solange es nicht seine grenzenlose Macht über die unmittelbaren und mittelbaren Nachbarn – und eines Tages über den ganzen Planeten – ausbreitet.

In den 30er Jahren wurde meinesgleichen von Goebbels und seinen Tintenkulis als Kriegshetzer beschimpft, sooft wir davor warnten, den stetig wachsenden Forderungen Hitlers nachzugeben und durch Kapitulation am Ende den Krieg unvermeidlich zu machen. Und nun leben wir seit Jahrzehnten in der Ära pseudo-ideologischer Erpresser. Jeder aber sollte wissen, daß Erpresser um so mehr verlangen und um so bedrohlicher werden, je öfter man ihnen nachgegeben hat.

Meine Damen und Herren, ich spreche hier, im Herzen eines Erdteils, dessen innere Zwiste im Verlaufe von 25 Jahren zwei Weltkriege hervorgerufen haben. Wie so manchem von denen, die von Ihnen seit 1951 preisgekrönt wurden, geht es auch mir vor allem um diesen unseren Erdteil, der mehr als nur im geographischen Sinne unsere Heimat ist. Ist diese selbst ungefährlich geworden, so bleibt Europa heute weit mehr gefährdet, als je vorher. Ja, dieses alte Europa verdient es nicht, unterzugehen. Es hat aufgehört, eine Kolonialmacht zu sein, keinerlei Eroberung kann es mehr locken – endlich könnte dieser kriegswütige Erdteil zu einer vorbildlichen Friedensmacht werden. Bleibt jedoch ein Faktum von unüberschätzbarer Bedeutung: Es teilt den gewaltigen Kontinent mit einem totalitären Imperium, dessen Herrscher ihre Diktatur so lange für gefährdet halten, solange sie sich nicht bis zu den Ufern des Atlantischen Ozeans, ja, wenn möglich, über die ganze Erde ausbreitet.

Das liegt offenbar im Wesen des Totalitarismus, der Zwang, sich die ganze Welt untertan zu machen – all das mit ideologischen Verbrämungen, die zwar mit den Jahren zweifellos ihren Zauber und ihre Werbekraft verloren haben, aber nunmehr durch unheimliche Atomwaffendrohungen wirksamst unterstützt werden. Und daß dem so ist, beweisen, *ohne es zu wollen*, jene, die heute durch die Hauptstädte demokratischer Länder ziehen, um dagegen zu protestieren, daß in Europa Abwehrmittel gegen die Erpressung, gegen die Drohung mit Atomwaffen *zur rechten Zeit* aufgestellt werden.

Ich will Sie in diesem Zusammenhang eindringlichst daran erinnern, daß während langer Jahrhunderte alle Bemühungen, die europäischen Völker in einem Staatenbund zu vereinigen, daran gescheitert sind, daß stets aufs neue der Kampf zumindest zweier Völker – der Deutschen und der Franzosen – um die Vorherrschaft in Europa Zwietracht säte. Frankreich und Deutschland wissen nun, daß sie ihr Heil keineswegs in einer nationalen Hegemonie über Europa finden könnten. Heute ist man diesseits und jenseits des Rheins davon überzeugt, daß nur dank dem Einverständnis *aller* das freie Europa gerettet werden könnte.

Wer jedoch glaubt und glauben machen will, daß ein waffenloses, neutrales, kapitulierendes Europa für alle Zukunft des Friedens sicher sein kann, der irrt sich und führt andere in die Irre. Wer für die Kapitulation vor jenem bedrohlichen Imperium eintritt, das seit dem Zweiten Weltkrieg mehrere europäische Staaten in Satelliten verwandelt hat, irrt sich und führt andere in die Irre.

Für einen Europäer meiner Generation, aber auch für die Nachgeborenen, kann kein Zweifel darüber bestehen, daß Europa sich und zugleich seine unübertrefflichen Werte retten kann, wenn es föderativ vereint und, statt ein Zankapfel zwischen zwei Supermächten zu sein, selbst zu einer Großmacht wird, die weder eroberungs- noch rachsüchtig, jedoch nur aufs äußerste entschlossen bleibt, durch eigene, zulängliche Abwehrkräfte jene abzuschrecken, die sich durch seine Schwäche und den eigenen Hegemonismus ermutigt fühlen können, sich Europas zu bemächtigen.

Da ich – wie so viele andere – stets dazu geneigt war, unsere Zivilisation mit unerbittlicher Strenge zu kritisieren, will ich heute um so lauter darauf bestehen, daß Europa sich trotz allem selbst retten kann, wenn es sich nicht dazu verführen läßt, sich gerade in einer

Zeit aufzugeben, in welcher der Mut zur Menschlichkeit und zur Wahrheit den *Mut zur Selbstbehauptung* voraussetzt.

Wie auch immer die Beziehungen zwischen Amerika und Rußland sich gestalten mögen, Europa wird sich nicht dank masochistischer Wehrlosigkeit, sondern nur dann aus deren Konflikten heraushalten können, wenn es selbst eine Supermacht geworden sein wird, so abschreckend wie jene Riesenstaaten. Das ist unsäglich traurig, jedoch unvermeidlich, weil diese Welt noch während mehrerer Jahrzehnte der Gefahr und der Lockung des Selbstmordes ausgesetzt bleiben wird. Wir alten Europäer aber, die den Krieg verabscheuen, wir müssen leider *selbst gefährlich werden, um den Frieden zu wahren.*

Und nun noch zwei Nachbemerkungen: die erste bezieht sich auf die Amerikafeindschaft vieler Europäer, auf ihre *aggressive Undankbarkeit,* die wohl die niederträchtigste Form individueller wie nationaler Selbstbehauptung ist.

Jene, für welche die europäische Kultur mehr ist als ein beinahe unerträglicher Überanspruch; für jene, die mit allen Fibern am geistigen Reichtum Europas hängen, bleibt der Unterschied zwischen diesem alten Kontinent und dem Amerika von heute, jener alten europäischen Kolonie, sehr bedeutsam. Es geht da kaum um Wertung oder Entwertung, sondern vielmehr um eine Identitätsfrage. Weder Rußland noch Amerika wären geworden, was sie sind, wenn Europa ihnen während langer Jahre nicht als Vorbild, als geistige Heimstätte oder als abschreckendes Beispiel gedient hätte.

Wer nun behauptet, daß Europa heute durch die Vereinigten Staaten von Amerika gleichermaßen wie durch das sowjetische Imperium gefährdet wird, ist in meinen Augen durch aggressive Undankbarkeit verblendet. Andererseits ist es wahr, daß Europa seinen Schutz nur den eigenen Kräften und keiner Supermacht anvertrauen darf.

Hölderlin läßt Hyperion in seinem letzten Brief an Belarmin schreiben: »Wie der Zwist der Liebenden sind die Dissonanzen der Welt. Versöhnung ist mitten im Streit und alles Getrennte findet sich wieder.«

Dieses Wort setze ich an das Ende einer Ansprache, in der viel von Krieg und Gefahren die Rede ist. Und ich schließe mit einem durchaus unmodischen Bekenntnis zur Zukunft:

Ich bin ein alter Revolutionär, der den Hoffnungen, die er begraben mußte, treu geblieben ist. Ja, ich glaube nach wie vor, daß die Welt verändert werden kann und verbessert werden wird. Im Unterschied zu vielen meiner Zeitgenossen bin ich davon überzeugt, daß der Mangel, an dem so viele Menschen an allen Orten, besonders aber in Asien, Afrika und Amerika, leiden, abgeschafft werden kann und daß man dank der friedlichen Nutzung der Atomkernspaltung und Atomkernverschmelzung sogar die Sahara in einen blühenden Garten und das furchtbare Hungergebiet Sahel in ein fruchtbares Land satter Menschen verwandeln wird. Ja, ich glaube an die Botschaft meines Ahnen: an das Kommen des ewigen Friedens, an die Verwandlung der Schwerter in Pflugscharen.

Das ist nicht die Hoffnung eines Gläubigen oder eines utopischen Ideologen, sondern die Zuversicht eines postpurgatorischen Optimisten, der, wie so viele Europäer, durch das Fegefeuer gegangen ist und – deshalb oder trotzdem – entschlossen bleibt, nichts von dem zu vergessen, was er während der langen Lehr- und Wanderjahre erfahren mußte.

Es mag sein, meine Damen und Herren der Jury, daß Sie mir auch deswegen Ihren Preis verliehen haben. Dafür herzlichen Dank und Ihnen, mein sehr lieber Siegfried Lenz, meinen tiefgefühlten Dank, meine alte, sich stets verjüngende Freundschaft.

Manès Sperber
Sein »psychologisches Testament«
Auszüge aus einem Interview mit Hans-Jürgen Walter und Karl-Hermann Schäfer

Ich habe, nicht aus Eitelkeit (vielleicht auch aus Eitelkeit ...), in meinen Berichten, Diskussionen und Vorträgen immer von »mißlungenen Therapien« gesprochen, von Mißerfolgen, indes ich umgekehrt als sehr begabt und erfolgreich galt und es in einem gewissen Sinne auch war ... Aber es gab Probleme, die schwierig in Beziehung zu bringen waren; sie waren nicht nur organisch und zugleich sexuell bestimmt, sondern da kam alles hinein bis zu Adam und Eva, alles, was die Leute je belastet hatte. Und da wußte ich sehr genau, irgendwo stoße ich an eine Wand, aber hinter der Wand ist eine Welt, nicht kleiner als die, in der ich bin, und ich habe sie nicht durchstoßen.

Das ist einer der Gründe, warum ich die Psychotherapie aufgegeben habe – das Bewußtsein der ungeheueren Begrenztheit.

Ich bin zeitbesessen. Zu meinen ernstesten Beiträgen zur Individualpsychologie gehören die Versuche zu deuten, was Zeit als Erlebnis ist. In meinen Romanen, wie in meinem anderen Werk, komme ich immer wieder darauf zurück.

Mit dem Zusammenhang zwischen dem psychischen Faktum und der Zeit, dem Lebenslauf, ist es wie mit einem Baum mit vielen Ästen, vielen Zweigen. Wenn der Baum in voller Blüte steht, haben Sie es sehr schwer zu sagen, auf welchem Zweig, auf welchem Ast das Blatt ist. Aber es ist nicht nur an dem Baum, es ist an einem Ast, an einem Zweig von einem Ast und an einem Zweiglein von einem Zweig – und das ist die affinierende Seite unserer Tätigkeit.

Dagegen habe ich alle Arbeit, die auf eine totale Lösung aus war – ob es Freud oder Adler war –, immer abgelehnt und lehne es auch weiterhin ab. Ich bin nur insofern ein ganz brauchbarer Therapeut gewesen, als es mir immer nur darum ging durchzukommen, diese Wände zu durchstoßen.

Ich würde meinen, daß trotz allem Kritischen, was ich zu der Psychotherapie, gleichviel welcher Schule, zu sagen habe, eines sicher ist: Es handelt sich um eine Beziehung zwischen zwei Menschen; und was aus dieser Beziehung wird, ist eine abenteuerliche Geschichte – dabei ist die Beziehungsfähigkeit des Therapeuten ausschlaggebend dafür, ob er die Beziehungsfähigkeit des anderen zu fördern vermag, ohne sich selbst unentbehrlich zu machen. Die Jahre um Jahre in der psychoanalytischen Behandlung zeigen dagegen, daß diese Psychoanalytiker nicht imstande sind, sich unentbehrlich zu machen, daß es ihnen nicht gelingt, das Beziehungssystem herzustellen, das notwendig ist. Es geht ja dabei um die Bemühung, den Menschen aus der Zeit seiner Kindheit, seines Werdens herauszureißen, in ihm die Fähigkeit zu erwecken, seine eigene Zeit zu finden, sie zu erzeugen. Sonst bleibt er in vielen Zeiten; wie wenn jemand einen Ring in einen Ring steckt, der in einem anderen Ring steckt usw.

Ich glaube, daß wenn ich heute zur Psychologie zurückfände, was ich nicht tun werde – in meinem Alter findet man zu nichts als dem Tod zurück –, so würde ich sagen, daß ich wahrscheinlich dem, was ich primitiv »Beziehungsanalyse« nenne, den größten Teil meiner Forschung, meiner analytischen Kraft widmen würde. Denn in dem, was ich sehe, auch als Schriftsteller, als Schreibender erlebe, in meinen Figuren, die ich erfinde, ist das das fundamentale Problem.

Mein allererster Konflikt mit Adler ist daher gekommen, daß ich nicht Mediziner bin. Aufgrund der fortgesetzten Erfahrungen des Falles Josef hatte ich den Eindruck, als ob ich da etwas rieche: ich roch Menschenfleisch. Ich roch, daß da etwas ist, was sich psychologisch nicht erklären ließ.

Auf dem letzten Psychiater-Kongreß in Wien ist sehr viel auf dieses Problem eingegangen worden; vor allem ist da die Rede gewesen von bestimmten chemischen Stoffen, die in diesem oder jenem Falle eine bestimmte Rolle spielen.

Ich versuche nicht, von der Psychologie wegzulaufen. Denn selbst wenn alles stimmte, blieben doch, auch im Falle der Psychosen, psychische Faktoren, die man sehr gut isolieren kann. Aber: wenn es darum geht zu fragen, heile oder ändere ich, dann spielt das natürlich eine Rolle. Das heißt: wenn jemand den Fuß gebrochen hat, kann man ihn vielleicht heilen. Wenn er aber den Fuß verloren hat, den verlorenen Fuß kann man nicht heilen. Man kann ihn eventuell durch ein Holzstück ersetzen.

Ich möchte sagen: Nicht in bezug auf ein psychosomatisches Verständnis von Neurosen, aber in bezug auf die Neigung, die diese großen, alten Männer hatten – Freud, Adler und Jung –, auch in der Psychose eine durchaus psychosomatische Krankheit zu sehen, bin ich heute noch viel überzeugter als zur Zeit meines Josef, der mich in Gegensatz zu Adler gebracht hat.

Ja, es gibt Bereiche von organischen Wirkungen wie, sagen wir, der Suff. Stellen Sie sich einen Mann vor, der sich zeigt, wie er ist, und dann trinkt er einige Gläser Alkohol, und plötzlich ist er jemand anderer. Man könnte natürlich sagen: so wie er sich im Suff zeigt, so ist er. Das bestreite ich nicht. Aber dazu gehört, daß er einen chemischen Stoff zu sich genommen hat. Daß man aus Holz nicht Gold machen kann, das wissen Sie ja. Und wenn etwas aus Holz geschnitzt wird, ob es nun ein Gott oder ein nacktes Weib ist – es entspricht einer Form, die durch das Holz und die Schnitzbarkeit des Holzes bestimmt ist.

Das ist also meine Stellungnahme zur Psychotherapie. Als Behandlung von Psychoneurosen ist sie im wesentlichen eine Beziehungstherapie aufgrund einer Beziehungsanalyse. Wobei man in jedem Fall unterscheiden mag, wie weit man rückwärts geht, vorwärts geht, seitwärts und dergleichen mehr.

In bezug auf Psychosen, Schizophrenie, manisch-depressives Irresein, wo das Psychische so ungeheuer statisch ist – ich verkenne es nicht, ich hab's ja unmittelbar erlebt, ich habe damit gelebt –, so glaube ich jetzt, daß wir zwar die Ausdrucksformen als psychisch erleben, aber was sich äußert, ist nicht das Psychische. Das ist der Unterschied. Es ist nur die psychische Kleidung des Organischen.

Ich glaube, es ist eine Konsequenz der Freudschen rückwärts gewandten Grundauffassung, daß sein Thema die Vertreibung aus dem Paradies ist. Und alles, was der Mensch demzufolge nachher tut, ist ein Versuch, ins Paradies zurückzukommen. Das ist der Zwang, der Jahrtausende die Geschichtsauffassung der Völker und Nationen gewesen ist.

Zweitens hat Freud eigentlich keinen Sinn gehabt für das Selbständigwerden einer neuen Generation.

Drittens hat er ungeheuer dramatisiert. Der Halbwüchsige, der sich freizuspielen wünscht, will zwar den Platz eines Erwachsenen, also seines Vaters einnehmen, das ist logisch. Aber diese melodramatische Form der Tötung, wie sie aus zum Teil falsch gedeuteten Legenden der primitiven Völker kommt, ist keineswegs notwendig.

Jedes Kind beginnt frühzeitig daran zu denken, daß es ein Erwachsener sein wird, und sich eine Vorstellung zu bilden von dem, was sein wird. Anstatt nach hinten zu blicken – also, verlorenes Paradies –, gilt es, die zwei Perspektiven zu beachten: die dem Gewesenen zugewandte und die Perspektive, die dem Kommenden gilt – die überdies vielfach verknüpft und verknotet sind.

Ich habe als Therapeut festgestellt und glaube, daß man es beweisen kann: Die meisten Fälle, die der Psychoanalytiker als Ödipuskomplex bezeichnen würde, das heißt als unlösliche Bindungen an ein Elternteil – dieses Gegenüber von Halbwüchsigen und Erwachsenen, ist vor allem durch eine ungeheuere Angst vor dem Vorne bestimmt. Das heißt, die Angst vor dem Gedanken an morgen ist das Wichtigere.

Die Juden waren nicht die ersten, die ein eschatologisches Denken entwickelt haben, aber es ist das Fundament.

Ich bin ein Jude, der einem gewissen prophetischen Judentum Jesajas nahe steht. Und das bedeutet die Gewißheit, daß die Welt, wie sie ist, nicht bleiben kann und nicht bleiben wird, daß alles in der Zukunft liegt.

Das Paradies ist nicht verloren worden, es hat nie existiert. Aber wir werden es machen.

Dementsprechend sehe ich in der Einstellung vieler Neurotiker und auch Psychoanalytiker folgendes: Sie haben furchtbare Angst, die Schwelle zu überschreiten; nicht so sehr, weil sie an die Mutter oder den Vater gebunden sind, sondern weil das Fremde, das ja in vielen Sprachen das Feindliche bedeutet, ihnen bange macht. Sie wollen zurück in eine Situation, in der sie keine Verantwortung haben werden: wie die befreiten Juden, die zurück zu den ägyptischen Fleischtöpfen wollten. Da haben Sie das Gleichnis aus der Bibel.

Nun, diese Art von eschatologischer Sicht, sagen wir, futuristischer Sicht, schien natürlich diametral entgegengesetzt der psychoanalytischen Sicht. Man kann sehr vieles durch die Last der Vergangenheit im Wesen des Menschen erklären, aber das Erkennen bleibt halb, fragmentarisch, wenn ich nicht seine Beziehung zum Kommenden, dem Gewünschten, Befürchteten, Wahrscheinlichen, Unwahrscheinlichen gleichfalls in Betracht ziehe. Erst in diesem Diagramm findet man das Individuum.

Das ist ein großer Unterschied, und diese Einsicht hat mich in der Tat von Freud entfernt.

Als ich ein Bub war und in das Bethaus kam – es war nicht ein Tempel, sondern zwei, drei Zimmer in einem –, da saßen immer irgendwo in der dunklen Ecke Studenten und studierten allein den Talmud. Sie lernten laut, so im Singsang, und ich war als Kind ungeheuer beeindruckt, als ich sie so sah.

Wenn nun diese Talmud-Schüler schließlich nach langer Entwicklung zu irgendeiner These gekommen waren, kehrte ein merkwürdiger Satz wieder, der lautete: »Und tommer verkehrt?« – »Und wie, wenn's umgekehrt wäre?« – Dann begannen sie zurückzudrehen; das ist das talmudische Denken: ungeheuer scharf, einschneidend, aber immer zulassend, daß man einen völligen Irrweg gegangen ist. Das ist die Größe des Talmud gewesen: »Und tommer verkehrt?«

Insofern kann man für Juden, die nicht durch Unfall, sondern durch jüdische Bildung Juden sind, sagen: Wir haben durchgehalten, nicht, weil wir überzeugt waren, daß wir recht hatten. Nein, wenn die anderen sagten, der Jude Jeshua, Jesus, ist gekommen und hat alle Sünden der Welt auf sich genommen, jetzt sind wir alle erlöst, er war der Messias, dann sagten die Juden: »Und wie, wenn's umgekehrt wäre?« Wie steht es mit der Menschheit? Wir denken an Jesajas: Sind die Schwerter zu Pflügen umgeschmiedet worden? Wir sehen ununterbrochen die Schwerter, aber nicht ihre Verwandlung. Diese Grundhaltung, wenn es um die Zukunft geht, das ist das Eschatologische.

Intelligent sein, heißt, lernen können, akzeptieren können, aber gleichzeitig das Recht und die Fähigkeit bewahren, das als gewiß Dargelegte in Frage zu stellen. Insofern ist Psychologie, so wie ich sie verstehe, ein ununterbrochenes Infragestellen.

Hier liegt das grundsätzlich Neue an der Adlerianischen Auffassung (die eigentlich nicht von Adler ist, sondern es ist die Philosophie des »Als-ob« von Vaihinger) . . . Wir beginnen zu handeln, lange bevor wir wirklich Einsichten haben, die uns ermöglichen würden, aufgrund von tatsächlichem Wissen zu erkennen und Zusammenhänge bewußt herzustellen.

Aber wir handeln, als ob wir wüßten, als ob es feststünde. Und es stellt sich heraus, daß ein Mensch ja gar nichts anderes tun kann; er käme zu spät zu einer Einsicht, die ihm Gewißheit verschaffen würde. Außerdem: Gewißheit ist wieder etwas sehr Ungewisses. Damit sind wir dem Kantianismus sehr nahe. Was Kant sagt und denkt über »das Ding an sich«, ist sehr wichtig . . .

Ein Kantianer ist einer, der besser weiß, daß, was er über Zeit und Raum aussagt, nicht die Zeit, den Raum betrifft, sondern die erlebte Zeit, den erkannten Raum. C'est tout.

Ich bin sehr entschieden in meinen Stellungnahmen. Aber ich bin mir zugleich auch der Begrenztheit bewußt, sowohl meiner Lebenszeit als auch meines Wissens; das gilt für die historische Sichtweise, die ich immer in Anspruch nehme, und es gilt erst recht im Hinblick auf das, woraufhin wir leben, von dem wir gar nichts wissen, das aber entscheidend ist.

Das Wissen, um das es uns Psychologen geht, ist schwer zu erlangen, weil wir nicht wie die Physiker mit Experimenten arbeiten können und weil wir zugleich stets Subjekt und Objekt, Richtende und Gerichtete sind.

Meine Begrenztheit, deren ich mir als Adlerianer sehr bewußt bin, hindert mich jedoch keineswegs, dieses oder jenes ernsthaft zu erwägen und bis zu einem gewissen Grade daran zu glauben, daß ich sicher sein könnte. Aber es ist sehr gut, daß wir zwischen dem Körper und dem Schatten, den er wirft, unterscheiden. Wenn das Licht entsprechend fällt, ist der Schatten die Verlängerung des Körpers, und man könnte sich einbilden, der Körper ginge weiter; er erscheint jedoch nur verlängert aufgrund des Widerstandes, den er dem Licht entgegenstellt.

Das Problem der Disproportion zwischen objektivem Geschehnis und seiner Widerspiegelung in den Erinnerungen von Patienten bleibt auch unser fundamentales Problem; unsere Möglichkeiten, unserer Subjektivität tatsächlich zu entgehen und das Objekt unabhängig von uns zu sehen, sind sehr begrenzt ...

Aufgrund meiner persönlichen Erfahrungen mit Adler und mit den Arbeiten der anderen, glaube ich wirklich, daß eine Art von Denkfreiheit bei den Adlerianern war, die uns ermöglicht hat, das Subjekt-Objekt-Problem, dieses fundamentale Problem, nicht besser zu lösen, sondern es zu erkennen und jedenfalls nicht zu vernachlässigen. Das heißt: nicht mit Scheinwerfern zu arbeiten, die die Dinge, auf die es ankommt, verschwinden lassen in der Masse von Licht. Bei Adler behält alles seine Konturen.

Worauf ich bestehe, ist, daß die Älteren viel mehr an die Jungen gebunden sind als umgekehrt. Älter werdende Eltern brauchen unbedingt einen festen Boden unter den Füßen und finden ihn in der Fortsetzung, in der besonderen Beziehung, die sie zu den Kindern haben. Das steht in völligem Gegensatz zu der Ödipusgeschichte.

Wer wirklich die Augen öffnet, wird feststellen, daß ältere Menschen sich nur dann im Leben fühlen, wenn sie eine gute Beziehung zu Jüngeren haben.

Und die Jüngeren, die ihnen zur Verfügung stehen, wenn alles gut geht, sind ihre Kinder oder ihre Enkelkinder. Insofern erwarten sie von denen zu viel, binden sich an sie zu stark und werden eine Last für sie. Unter diesen umgekehrten Voraussetzungen mag es den »Ödipuskomplex« manchmal als eine Reaktion geben; das bedeutet dann: Die Halbwüchsigen oder schon erwachsenen Söhne und Töchter spüren, daß die Eltern auf ihnen wie eine Last liegen, sich verhalten, als gehörten die Kinder zu ihrem Leben – deshalb wollen die Kinder die Eltern abstoßen. Man kann sein Leben nur führen, wenn man die Vergangenheit hinter sich läßt und nicht vor sich. Das ist ein wichtiger Punkt, den ich schon seinerzeit in der Auseinandersetzung mit den Psychoanalytikern ausgeführt habe... Ich hab's ja nicht theoretisch gelernt, sondern an den Fällen.

Die Tiere: Ich bin sehr beeindruckt, wenn ich sehe, daß ein Vogelweibchen oder ein Vogelmännchen – Monate bevor es zur Kopulation kommt – beginnt, alles zu sammeln für ein Nest. Wenn es soweit ist – das fällt zusammen mit dem Augenblick der Brunst –, geht das Weibchen in sein Nest, um das Ei hinzulegen und es später in Abwechslung mit dem Männchen auszubrüten ... Aufgrund meiner Tierbeobachtungen und meiner Kenntnis von Frauenleben, glaube ich, daß Frauen gewöhnlich dadurch, daß sie Mütter werden und mit einem Kind zusammenleben, einen Wandel durchmachen. Ein Säugling ist ein Pflegling, ein Lebewesen, das zugrunde gehen würde, wenn man es nicht praktisch jede Minute pflegte; eine Mutter spürt dies und handelt danach. Ich habe beobachtet, daß ganz leichtfertige Frauen, unpünktliche, unsoziale, wenn sie Kinder bekommen, im Stande sind, wach zu werden, wenn das Kind im Schlaf den Atem etwas ändert. Das sind Erfahrungen und Beobachtungen – ich überschätze das nicht – ich sage dies mit Skepsis und Vorsicht. Aber ich stelle fest, daß zum Beispiel im Tierreich die meisten Tiere die Pflege der Eltern brauchen. Ich habe beobachtet: Bis die Tiere selbständig werden können, also die Familiengemeinschaft nicht mehr brauchen, kümmert sich das Elternpaar oder die Mutter oder der Vater in einer rührenden Weise, in einer lebensgefährlichen Weise um die jungen Tiere. Dann kommt der Moment, wo das junge Tier einfach existenzmäßig, nahrungsmäßig diese Unterstützung nicht mehr braucht, das Tier kann fliegen, kann Fische fangen usw.; dann ist es ein fremdes Tier. Es ist da keine Rede vom Ödipuskomplex und dergleichen mehr. Das Tier beginnt sein eigenes Leben, das heißt in dem Augenblick, wo es nicht mehr auf die Präexistenz und auf den Weiterbestand einer Gemeinschaft angewiesen ist.

Ich möchte noch etwas weiter gehen und ausnahmsweise nicht als Psychologe sprechen, sondern als Dichter. Meine Romantrilogie ›Wie eine Träne im Ozean‹, die im wesentlichen ein interrogatives Werk ist, vertritt nicht eine bestimmte These: Es pflügt den Boden, damit man sehen kann, was in ihm ist, wie die Scholle ist.

Erst als das Ganze fertig war, begannen Leser und Kritiker zu sehen, worum es geht: Es ist kein politischer Roman, es ist das *auch*; das ist der Rohstoff, der verwendet wird. Es geht einfach darum, vom Leben nicht zu sagen: Das ist das oder jenes, sondern es ununterbrochen zu befragen, ihm nachzuforschen. In bezug auf die Frage nach dem Sinn des Lebens sagen wir: Das Leben hat keinen Sinn außer dem, den wir ihm geben.

... Wenn ich jetzt mit Ihnen spreche – wir sind nicht Psychotherapeut und Patient, aber sitzen so zusammen –, so gibt es dieses seltsame Unterwasserzwiegespräch: Es enthält, was wir sagen, und das, was ich dabei empfinde und was ich dabei ausschalte, eines nach dem anderen ...

Es gibt außer dem vorhandenen Zwiegespräch einen bestimmten Prozeß des Aufnehmens ... Ich als Schriftsteller sitze nicht meinem Leser gegenüber; wenn ich schreibe, sei's auf den Knien oder an diesem Tisch, auf diesem Stuhl, so sehe ich keinen Leser vor mir. Ich bin der erste Leser, und meine Reaktion ist für mich ausschlaggebend; ich frage mich nicht, ob es den Lesern gefallen wird. Es gibt Leute, die schreiben, um zu gefallen. Ich gehöre nicht zu ihnen, ich bin sozusagen ein völlig ungefälliger Autor, sowohl in Sprache wie in Stellungnahme. Mir fehlt das Gegenüber, es ist fiktiv. Wogegen es jetzt nicht fiktiv ist; Sie sind wirklich da.

Wie wird aus dem revolutionären Objekt das sich selbst bewußte Subjekt als Handelndes? Ja das ist eine schwierige Frage. Ich will nicht vorgeben, sie beantworten zu können. Ich würde nur folgende Thesen wagen: Das revolutionäre Denken beginnt damit, daß es den gegebenen Zustand nicht als endgültig ansieht, daß es statt des Seins das Werden einführt.

Das Handeln ist ein Prozeß im Rahmen des Werdens. Wenn die Alten, die Konservativen sagen: So ist es gewesen, so wird es immer bleiben; so sagen die Revolutionäre: Wir wissen gar nicht ganz genau, wie es gewesen ist, jedenfalls wurde es immer falsch dargestellt in Ideologien. Anderseits kommt es nicht darauf an, was wir von unseren Vätern ererbt haben, sondern es kommt darauf an, was wir daraus machen. Es ist also nicht das Endgültige. Die Ablehnung des Endgültigen ist überhaupt die Voraussetzung des wahren revolutionären Denkens. Und alle, die sich als Revoluzzer aufführen und immer so endgültig sprechen, beweisen damit, daß sie überhaupt nicht revolutionär sind. Während für mich nichts Endgültiges existiert. Das Ende der Geschichte, das ist ein Blödsinn; es gibt keines. Wir sind immer unterwegs mit der Wahrheit; man läßt sich niemals mit ihr nieder.

Ich habe Ihnen gesagt: Ich bin ein Sokratiker. Der Sokratiker gibt seinem Gesprächspartner nicht irgendwas ein; er versucht aus ihm das herauszubringen, dessen er sich nicht genug bewußt ist. Als Therapeut und als psychologischer Lehrer hab ich gegenüber meinen Schülern, ob sie nun Ärzte, Psychologen, Richter waren ..., immer darauf bestanden, daß es darum geht zu unterscheiden – zwischen dem Möglichen, Wahrscheinlichen und dem Gewissen; und ich habe festgestellt, daß ich mich fast immer in dem Bereich zwischen dem Möglichen und dem Wahrscheinlichen befand. Und ich war recht zufrieden, wenn ich das Wahrscheinliche wirklich fix hatte. Von da zum Gewissen ist ein unendlich langer Weg – wie zu der WAHRHEIT, groß geschrieben.

Gehn wir davon aus, daß jeder Mensch, der in vollem Verständnis und Einverständnis mit sich selbst lebt, nur einen geringen Prozentsatz dessen verwirklicht, was er mit sich trägt. Daß ein erwachsener Mann, sagen wir – ich habe kein Medium zum Messen – 10 % seines Erlebens in Erfahrungen umgewandelt hat, und auch nur etwa 10 % seines Wesens richtig erkannt hat. Jeder lebt in der Haut eines Menschen, der unbekannt bleibt ...

Ich habe seit vielen Jahren niemals mehr versucht zu sagen: Ich habe Gewißheit; außer negativen Gewißheiten. Wie ich einmal geschrieben habe: Immer wenn ich gegen etwas, gegen ein Unrecht gekämpft habe, hab ich recht gehabt. Ich habe in der Wahl des Übels, das ich bekämpfte, bekämpfe, mich eigentlich nie geirrt. Aber ich habe mich oft geirrt, wenn ich glaubte, daß ich für das Richtige kämpfte. Das ist meine Lebensgeschichte; das ist eben ›Wie eine Träne im Ozean‹. Und das gilt also auch für das, was wir jetzt sagen können. Ich fand unsere Auseinandersetzung über die Psychoanalyse interessant; weil sie ja genau in der Art von Selbstanalyse verlief, von der wir sprechen. Es ist ein Gespräch über den Zusammenhang zwischen dem, was wir glauben zu sein, was wir sein möchten und so weiter.

Für mich ist alles, was ich tue, das Gleiche, Romane schreiben, Autobiographie, historische, psychologische Essays, Persönlichkeitsportraits usw. – das ist für mich alles eins – in verschiedenen Ausdrucksformen. Ich schreibe sozusagen nur ein Buch: mein gesammeltes Werk. Und mein Thema ist immer das gleiche. Insofern habe ich nicht aufgehört, Psychologe zu sein, auch wenn ich gar nicht mehr davon spreche. Es ist nicht so, daß ich verschiedene Instrumente spiele; es ist immer das Gleiche. Aber ich spiele nach verschiedenen Noten. Wer sich über die Menschheitsprobleme von heute beugt, kann es gar nicht vermeiden, soziologisch, psychologisch, politisch, literarisch usw. zu denken. Es kommt da vieles hinein, das Kino, Rock'n Roll usw. Ich muß mich all dem stellen, indem ich mich der Zeit stelle, ihr entgegenstelle vielleicht, aber stelle.

Wenn ich von Zeitschriften und Zeitungen angegangen werde, etwas zu schreiben, etwa über die Trauer, so antworte ich gewöhnlich: Wenn ich darüber schriebe, so würde ich über den traurigen Menschen und nicht über die Trauer schreiben. Dabei würde ich gewiß auch von der Trauer sprechen, aber ich bin ein Humanist, ich gehe immer vom Menschen aus.

Es geht um das ewige mea res agitur. Es handelt sich eben auch um mich. Wenn man fragt, was Menschlichkeit heißt – das Wort existiert im Deutschen, ist aber nicht dasselbe wie Humanismus –, also Menschlichkeit besteht eben darin, daß es sowohl die Verantwortung des Ich, des einzelnen betrifft wie die echte Betroffenheit und Inbegriffenheit im allgemein Menschlichen.

Und vielleicht sollten wir auch darauf achtgeben: Es gibt einen fundamentalen Unterschied – was immer die Methodologen auch sagen mögen – zwischen den sogenannten objektiven oder mathematischen Wissenschaften oder Naturwissenschaften einerseits und den Wissenschaften vom Menschen ...

Es gibt da Unterschiede, die man nicht übertreiben, aber auch nicht verkennen sollte. Ich bin mir als Soziologe dessen sehr, sehr bewußt, daß die Erforschung von Verhaltensweisen unter Umständen Einsichten ergeben kann, die den Psychologen angehen; aber ich glaube, sie werden erst brauchbar werden, wenn er sie in das gesamte Wesen einordnet. Somit bin ich eigentlich gegen nichts; ich bin sozusagen sehr ökumenisch in der Psychologie. Aber natürlich sind wir einer Psychologie am nächsten, die humanistisch ist – in einem besondern Sinne des Wortes –, die den Menschen in seinem Wahrnehmen, Erkennen, Fühlen, Sich-selbst-Erleben, -Erkennen und -Ändern einbegreift. Alles andere ist für uns Stückwerk, das nützlich sein könnte ...

Entweder wir können das Fühlen, Wollen und Verstehen des Menschen in einem Zusammenhang betrachten, den wir als sein Wesen bezeichnen, oder wir stellen das alles außerhalb seiner und versuchen es so zu betrachten wie etwa Regentropfen ... Ich bin der Meinung, daß dies methodologisch ein Fehler ist. Ich habe, nicht nur an mir, sondern auch an anderen gelernt, wie man wirklich Psychologe wird. Es ist ein sehr schwieriger

Weg, der gleichzeitig von innen nach außen und von außen nach innen führt. Wo es zwar darauf ankommt, die einzelnen Phänomene möglichst umgrenzt, abgegrenzt zu erkennen, aber verstanden werden sie nur in einer Zusammenhangsbetrachtung.

Ja, auch im Zusammenhang mit anderen Menschen. Natürlich. Das menschliche Wesen ist ja ein Zoon politikon. Wir würden ja kein Wort sagen können, wenn das nicht so wäre; nichts über uns selbst, nichts über alles andere. Sie haben die Gemeinschaft angesprochen. Und ich glaube, daß das fundamental ist: der Mensch ist als einzelner oder einziger nicht denkbar, obwohl er immer wieder versucht, sich selbst als einzelnen oder einzigen zu statuieren, sich durchzusetzen. Aber er ist es nicht und kann es nicht sein. Und das ist im Dialektischen »Individuum und Gemeinschaft«.

Unsere Psychologie geht vom Zweifel aus; ich möchte das sehr betonen. Das ist mein skeptischer Humanismus: der Zweifel. Während die Menschen vor 200 Jahren von Selbstverständlichkeiten umgeben waren wie von Zäunen, kann ein wirklich sozial- und umweltbewußter Mensch heute ganz selten irgendeine Selbstverständlichkeit nennen, die er als unantastbar ansehen möchte.

Wir haben es mit etwas zu tun, das im Werden ist. Wir werden bis ans Ende des Werdens nicht gelangen, bevor wir wirklich geworden sind. Ich unterscheide da zwischen Ereignissen, Erlebnissen und Erfahrungen. Und die drei sind völlig inkompatibel in der Zahl. Die Ereignisse sind zahlreicher als die Erlebnisse, und die Zahl der Erfahrungen ist viel geringer als die der Erlebnisse oder Ereignisse. Je älter ein Mensch wird, um so unfähiger wird er, überhaupt eine Erfahrung aus dem Erlebnis zu gewinnen.

Krieg und Frieden:
Niemand beantwortet die Frage: Wie ist überhaupt Krieg zwischen Menschen möglich? Jemand mag sagen: Wenn du mir nicht zehn Franken gibst, werde ich dies oder jenes tun, dir nachts nicht die Tür öffnen ... Wenn er aber sagt, dann werde ich dich töten, so

würde man behaupten: er ist verrückt. Wegen zehn Franken jemanden töten? Sich selbst das Leben verderben? Geköpft werden oder sein Leben im Gefängnis verbringen? Das steht in keinem vernünftigen Verhältnis. Und so ist es mit dem Krieg. Der Satz eines englischen Pazifisten während des Zweiten Weltkrieges: »Jedes Übel, das den Krieg abschafft, ist weniger schlimm als der Krieg selber« ist für mich eine Gewißheit.

Der Tod:
Ich habe als Mann von 30 Jahren oft an den Tod gedacht. Ich habe im Grunde ein viel gefährlicheres Leben als jetzt geführt. Ich war im Gefängnis, habe mich über Grenzen geschmuggelt. Jetzt denke ich an den Tod überhaupt nicht. Nicht, weil ich mich scheue, an ihn zu denken, sondern weil er völlig inhaltslos ist. Ich lasse jemanden in einem Roman sagen: »Der Tod ist kein Argument wofür oder wogegen auch immer.«

Quellenverzeichnis

Jenka Sperber: Das letzte Jahr
Erstveröffentlichung unter dem Titel ›Ich bin der Lebende, der Tote bin ich nicht mehr. Manès Sperbers letztes Jahr‹ im Bayerischen Rundfunk am 1. Februar 1985. – Für die Taschenbuchausgabe überarbeitet von Jenka Sperber.

Siegfried Lenz: Von der Gegenwärtigkeit des Vergangenen
Erstveröffentlichung im ›Börsenblatt für den Deutschen Buchhandel‹, Frankfurter Ausgabe, Jahrgang 1983, Nr. 83. – Der Abdruck erfolgt mit freundlicher Genehmigung des Autors.

Manès Sperber: Leben im Jahrhundert der Weltkriege
Erstveröffentlichung im ›Börsenblatt für den Deutschen Buchhandel‹, Frankfurter Ausgabe, Jahrgang 1983, Nr. 83.
Sein »psychologisches Testament«
Erstveröffentlichung des vollständigen Interviews unter dem Titel ›Gespräche mit Manès Sperber am 5. und 6. August 1983 in Paris‹ in ›Gestalt Theory‹, Vol. 6 (1984), No. 1, Westdeutscher Verlag GmbH, Opladen. – Für die Taschenbuchausgabe ausgewählt von Jenka Sperber.

Der Abdruck der Beiträge von Jenka und Manès Sperber erfolgt mit freundlicher Genehmigung von Jenka Sperber.

Antho-
ogien
m dtv

Deutsche Schriftsteller geben Auskunft über ihre Jugenderfahrungen. Mit Beiträgen von Heinrich Böll, Joachim Fest, Franz Fühmann, Martin Gregor-Dellin, Walter Jens, Horst Krüger, Günter Kunert, Siegfried Lenz, Wolfdietrich Schnurre, Carola Stern, Dieter Wellershoff u. a.
dtv 10328

Ein Weihnachtsbuch besonderer Art. Mit Beiträgen von Heinrich Albertz, Heinrich Böll, Christine Brückner, Walter Dirks, Martin Gregor-Dellin, Hildegard Hamm-Brücher, Siegfried Lenz, Leonie Ossowski, Annemarie Renger, Luise Rinser u. a.
dtv 10342

Das Jahr 1945 in Deutschland. Mit Beiträgen von Isaac Deutscher, Marie Luise Kaschnitz, Heinrich Böll, Luise Rinser, Wolfgang Borchert, Gottfried Benn, Wolfdietrich Schnurre, Hans Erich Nossack u. a.
dtv 1780

Ein literarisches Porträt der Stadt Berlin. Mit Beiträgen von Ingeborg Bachmann, Horst Bienek, Günter Grass, Uwe Johnson, Günter Kunert, Sten Nadolny, Rolf Schneider, Gerold Späth u. a.
dtv 10297

dtv

Siegfried Lenz

». . . gehört nicht nur zu den ohnehin raren großen Erzählern in deutscher Sprache, sondern darüber hinaus auch noch zu den ganz wenigen, die Humor haben . . .« (Rudolf Walter Leonhardt)

dtv 7163

dtv 276

dtv 336

dtv 600

dtv 1381

dtv 1445

Siegfried Lenz

Diese Prosa ist prall von Leben.
it jedem Satz wird hier Welt und Wirklichkeit
ermittelt.« (Horst Krüger)

v 542/großdruck 2551

dtv 944

dtv 1423

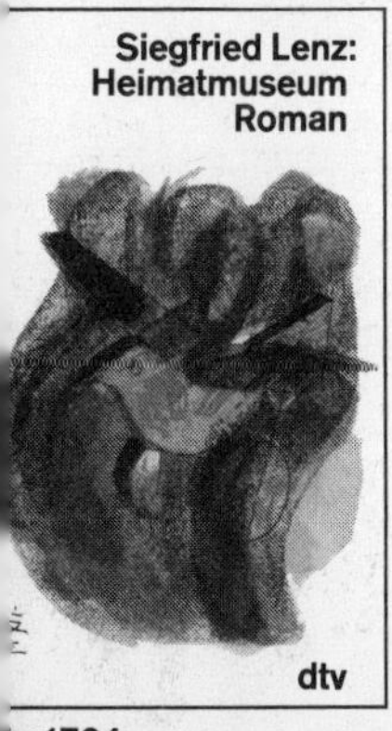

tv 1704

dtv 10364

Der Mann im Strom
Roman
dtv 102 /
großdruck 2500

Brot und Spiele
Roman
dtv 233

Stadtgespräch
Roman
dtv 303

dtv

Manès Sperber

»... die Tragödie des politischen Gewissens in unserem Jahrhundert.«
(Marcel Reich-Ranicki)

dtv 1398

dtv 1485

dtv 1757

dtv 1579

dtv 1351

Churban oder Die unfaßbare Gewißheit
dtv 10071

Nur eine Brücke zwischen Gestern und Morgen
dtv 10245

dtv